# スマート・ジャパンへの提言

ジェレミー・リフキン

NHK出版 編

日本は限界費用ゼロ社会へ備えよ

This edition published by arrangement with Jeremy Rifkin Enterprises
c/o Hodgman Literary, LLC, New Jersey in association with Thompson Literary Agency
through Tuttle-Mori Agency, Inc., Tokyo.

第2章 日本は限界費用ゼロ社会へ備えよ

# 第1章

# スマート・ジャパンへの提言

再生可能エネルギーによる脱炭素革命と新たなモビリティ革命に大きく動き出した世界のなかで、停滞し、岐路に立たされている日本がスマート・ジャパン実現に向けて取るべき道とは？　著書『限界費用ゼロ社会』邦訳版に寄せた特別章をアップデートした、日本の可能性を私たちに鮮やかに提示する積極的提言。

日本は、21世紀の新しい経済と環境の時代へと世界が移行していくうえで、その不確定要素となっています。

この国はいま、中途半端な状態にあります。その苦境を理解するには、日本の現状をドイツの現状と比べてみるだけで充分でしょう。両国はグローバル市場における、世界一流のプレイヤーです。日本経済は世界第3位、ドイツ経済は世界第4位に位置します。

ところが、ドイツがスマートでグリーンな第3次産業革命*のインフラへと急速に移行し、共有型経済《シェアリングエコノミー》*と限界費用ゼロ社会*を先導しているのに対して、日本は過去との訣別を恐れ、確固たる未来像を抱けずに、岐路に立たされています。

**＊第3次産業革命**
19世紀にイギリスで起こった第1次産業革命、20世紀にアメリカで始まった第2次産業革命に続く、デジタルテクノロジーによる産業革命。リフキンによれば、これは人類が経験する最後の産業革命になるという。詳しくは後述。

**＊シェアリングエコノミー**
インターネットを介して個人と個人の間で使っていないモノ・場所・技能などをシェアするサービスや消費スタイル、経済システムのこと。SNSとともに2010年代に入って急速に拡大してきた。また、ウーバーやエアビーアンドビーなど、シェアの仲介をする巨大プラットフォーマーも出現している。

## 福島、ドイツ、第3次産業革命

日本では2011年3月11日、巨大な地震と津波が福島の原子力発電所を破壊し、放射性物質が放出されて広範な土地が汚染され、1986年のチェルノブイリの原発事故以来、最悪の核災害が起こりました。その後日本政府は、全国の原子力発電所の運転をすべて一時的に停止しました。

福島第一原発の事故が引き起こした政治的な衝撃波は、全世界に及びました。ドイツではメルケル首相が、2022年までに国内の原子力発電所をすべて段階的に稼働停止にし、ドイツの製造大手シーメンス社は、今後、原発の建設には関与しないと発表しました。*

原子力発電から段階的に脱却することによって、ドイツはスマートな第3次産業革命への歴史的移行を段階的に進めるチャンスを得ました。アメリカとともに第2次産業革命を牽引したこの国は、第3次産業革命においても先行者として、デジタル化さ

＊限界費用ゼロ社会
リフキンが提唱する新しい社会モデル。資本主義がデジタルテクノロジーと結びついた先に必然的に到達する。詳しくは後述。またリフキン『限界費用ゼロ社会』（ＮＨＫ出版）参照。

＊シーメンス社の原発撤退
２０１１年９月に発表し、火力と再生可能エネルギーにシフトした。その後の業績の堅調な推移は、原発事業にこだわり続けた東芝との間で明暗が分かれたと言える。

＊脱炭素社会
省エネや再生可能エネルギーへのシフトにより、二酸化炭素の排出を削減した社会や経済システム。気候変動抑制に取り組む２０１５年のパリ協定以降、金融やビジネス分野を含めて世界的に取り組みが加速している。

れシームレスに相互接続された脱炭素社会*を構築し拡大していくでしょう。

第１次・第２次産業革命のインフラは、経済活動をより効率的に管理《マネジメント》する新たな通信《コミュニケーション》テクノロジーと、より効率的に動力を供給する新たなエネルギー源と、輸送／物流管理《ロジスティクス》をより効率的に動かす新たな移動様式《モビリティ》が一体となったものでした。ドイツはその歴史的事実を心に留めつつ、第３次産業革命に着手したのです。

## ドイツのスマートインフラ

第３次産業革命では、デジタル化された５Ｇ*コミュニケーション・インターネットと再生可能エネルギー*・インターネット、それに電気自動車と燃料電池自動車*によって推進される自動化されたモビリティ・インターネットとが一体となって、それがスマート・ビルディングを結節点《ノード》とするＩｏＴ（モノのインターネット）*インフラの上で稼働することになります。

ＩｏＴインフラに結びついたドイツの個人や企業、地域社会は、ビッグデータを取

**＊５Ｇ**
次世代移動通信インフラとして、２０２０年の実用化が進められている。現行の４Ｇに比べ高速・大容量になるのに加え、ＩｏＴ時代に備えた「同時多接続」「低遅延」が特徴。

**＊再生可能エネルギー**
石油や石炭、天然ガスなどの化石エネルギーとは違い、資源の枯渇の恐れが圧倒的に少なく、環境への負荷が少ない太陽光、風力、波力・潮力、流水・潮汐、地熱、バイオマスなど自然界に常に存在するエネルギーのこと。

**＊燃料電池自動車**
搭載した燃料電池で水素と酸素を化学反応させて電気を生み出しモーターを回す自動車。水素ステーションで燃料となる水素を補給する。トヨタは「究極のエコカー」として２０２０年ごろに次期モデルを投入予定。

得し、分析してアルゴリズム*をつくります。それによって効率性と生産性を引き上げ、ますます増える製品やサービスを生産し、流通する際の固定費*と限界費用《マージナルコスト》*を劇的に引き下げるのです。また一方では、エコロジカル・フットプリント*を減少させます。つまり、この新たなスマートインフラは、ドイツを経済的に次のステージへと引き上げるための要なのです。

これから40年にわたってドイツがスマートインフラを整備していくには、ほぼすべての産業——電気通信・ケーブル業界、発電・送電事業、情報通信技術（ＩＣＴ）セクター、エレクトロニクス業界、建設・不動産業界、輸送／ロジスティクス業、製造業、農業——が関わってきます。すでにそうした産業では、半熟練職や熟練職、専門職の労働者がたくさん雇用されています。

新しいデジタルインフラによって、新たなビジネスモデルと新たな種類の仕事が生まれます。それこそが、スマートな新しい経済パラダイムと、環境に配慮した低炭素経済へのシフトを進めるのです。

**＊IoT**
身の回りのあらゆるモノがインターネットにつながる仕組み。センサーと通信機能を持ったモノが相互に接続することで、さまざまなデータを取得し、制御やアクションが可能となる。さらにリフキンは、３Ｄプリンターなどを接続することで、モノづくりそのものをネットワーク化することを考えている。

**＊アルゴリズム**
ある問題を解決するための方法や手順を定義したもの。数学の解法や計算手順などが含まれ、プログラミングの基礎となる。

**＊固定費**
生産量の増減にかかわらず、固定的に発生するコスト。工場・機械などのための利子費用、減価償却費、維持費、広告費、研究開発費など。

## もがいている日本

ドイツがIoTによって第3次産業革命の土台を築き、資本主義市場とシェアリングエコノミーの両方から成るハイブリッド経済に向かおうとしているのに対して、日本は、老朽化しつつある原子力産業を断固として復活させようとする業界と、日本経済をIoT時代へと方向転換させることで厖大な数の新たな機会を捉えようとする新しいデジタル企業や業界との板挟みになってもがいています。

本稿を書いている時点で、両国の根本的な違いはといえば、ドイツでは政府も産業も市民社会《シビル・ソサエティ》*も、次のことをすでに理解している点にあります。

それは、20世紀の化石燃料と原子力から脱し、限界費用がほぼゼロで採取できる分散型の再生可能エネルギーへと迅速に移行することこそが、将来にわたって経済的に成功する鍵であるということです。

もし日本がこれまでの道をそのまま進み、ユニバーサル・サービスとしての高速ブロードバンドと自動運転輸送だけを推進して、おもに原子力と化石燃料のエネルギー

**＊限界費用**
生産量を1単位増やしたときにかかる追加的コスト。例えばあるモノを1000個つくったときと1001個目をつくったときの総費用の差。デジタルのプロダクトや再生可能エネルギーは、この追加コストがほぼゼロに近づいていく。

**＊エコロジカル・フットプリント**
人間活動が環境に与える負荷を、資源の再生産および廃棄物の浄化に必要な土地や海洋などの表面積として示した数値。人間の生活や経済活動が自然環境にどれだけ依存しているかを示す。

に頼り続けた場合は、総効率*と生産性の著しい向上や限界費用の削減を達成することはできないでしょう――それは限界費用がほぼゼロのグリーンエネルギーで動く経済がもたらすものだからです。

ドイツはこの点を理解しているのです。

IoTプラットフォームは、旧来のビジネスモデルを脇へと押しのけます。ですから、日本の起業家たちが、もしスマートでデジタル化していくグローバル経済で成功したいのなら、自らのビジネス手法をもう一度考え直さなくてはなりません。

## エネルギーと国際競争力

この新たな現実が最も表れているのが、新しい再生可能エネルギーへの移行です。ドイツでは再生可能エネルギーの大半が、電力協同組合を結成した何百万もの家庭と何千、何万もの企業によって、それぞれの地元で生み出されています。

そのグリーン電力はデジタル化されたエネルギー・インターネット全体でシェアさ

*市民社会（シビル・ソサエティ）
古典派経済学やヘーゲル哲学においては、政治的国家に対置するものとして、資本主義経済を担う法的に平等な市民によって構成される社会システム全体を指すが、現代では国家や市場と区別された社団・財団法人やNPO・NGOなどの民間非営利団体、各種市民団体、個人のボランティア活動など民間公益活動が担う領域を指す。

*総効率
熱力学的視点に基づく概念。製品やサービスに取り込まれた潜在的な仕事量のうち、変換の過程で失われていくものを除き、実際の有用な仕事に変換された部分の割合を示す。

れます。これはピア・トゥ・ピア*のエネルギー生産・流通という新時代の始まりを告げているのです。

ドイツを動かしている電力は、2025年には、その45パーセントが太陽光と風力のエネルギーから生み出され、2035年には6割が再生可能エネルギーによって生産され、2050年にはその数字は8割に達する見通しです。

つまり、ドイツはスマートでグリーンなデジタル経済の道を順調に進んでいて、製品とサービスを生産し流通させるのに必要な電力をつくり出す限界費用が、しだいにほぼゼロへと近づいている、ということです。それによって生産性は劇的に上がり、限界費用は減少し、グローバル経済での競争で優位に立つことができるのです。

一方で日本は、中央集中型でコストがますますかかる原子力と化石燃料のエネルギー体制におおむね執着しているため、国際舞台での競争力を失う一方です。

皮肉にも、日本の主要産業の多くは、IoTインフラの導入を切望しています。電気通信企業やICT企業、家電メーカー、物流企業、製造業、ライフサイエンス企業、建設・不動産業界、小売業界、金融業界といった分野では、IoTインフラを導入して新しいデジタル経済のパラダイムへと移行することで、新たなビジネスを促し、

*ピア・トゥ・ピア
ピア（peer）は仲間、同僚のことで、同等の機能や資格を有する個人やノードを指す。ネットワーク上で各ピアがデータを保持し、他のピアに対して対等にデータの提供および要求・アクセスを行なう自律分散型のネットワークモデル。

利益を生み、厖大な新規の雇用機会を創出できることがわかっています。

ところが、これらの産業は電力業界に手足を縛られたままです。電力業界は、古い原発をなんとしても再稼働させ、日本を輸入化石燃料に依存させ続ける気でいるのです。

## 日本の潜在能力は

いまのところ、日本はドイツの後塵を拝しているとはいえ、第2次産業革命が続く20世紀後半においてあげた目覚ましい業績からは、限界費用ゼロ社会へと向かうパラダイムシフトにおいても、先進工業国のなかで圧倒的優位に立つ潜在能力があることがうかがえます。

第3次産業革命によって、コミュニケーション、再生可能エネルギー、輸送／ロジスティクスの三つのデジタル化されたインターネットが構築されることで、今後30年間で総効率は40パーセントかあるいはそれ以上に伸び、生産性が極限まで上がって、限界費用ゼロ社会へと限りなく近づいていくでしょう。

日本には過去に総効率を上げてきた高度な専門的知識が備わっているので、スマートでグリーンなIoTインフラをこれから急いで普及させるうえでも、潜在的な強みがあります。来るべき素晴らしい経済の時代へと、世界を導いていく役割を担えるのです。

## 限界費用ゼロ社会づくりはもう始まっている

原子力産業と電力会社がかたくなな姿勢を崩さないにもかかわらず、日本のさまざまな業界において、限界費用ゼロ社会を迎えるための基盤づくりが黙々と進められています。

最優先の課題は、先ほどの三つのインターネットを統合すること、つまり、コミュニケーション・インターネットと、揺籃期にある再生可能エネルギー・インターネット、それに、GPSによる自動誘導および自動運転に支えられた新たな輸送／ロジスティクス・インターネットを単一のシステムとして稼働させ、IoTプラットフォームにつながった何十億という機器《デバイス》が生み出すビッグデータの流れを処理することで、経済活動をより効率的にマネジメントし、動かしていくことです。

日本は、ユニバーサル・サービスとして超高速ブロードバンド接続を実現し、IoTプラットフォーム上でのビッグデータの流れと処理の総効率を上げることが可能になっている点で、コミュニケーション・インターネットのアップグレードではすでに飛び抜けています。

さらには、そのブロードバンド接続の次の段階として、毎秒10ギガビットのインターネット速度を家庭と企業に導入する計画を立てています。日本でこのコミュニケーション・チャネルが実現すれば、現在のアメリカに対し数百倍の速さを持つことになります。

シスコシステムズに言わせれば、「この高速接続が重要なのは、それがIoE（万物のインターネット）*の普及を速めることで、日本が他の国々に先駆けてその恩恵にあずかることになるから」です。

*IoE
インターネット・オブ・エブリシング。モノだけでなく、人、モノ、システム情報、組織の運営などの「プロセス」を含めすべてを包括するネットワーク。シスコシステムズが提唱している。

## さらなる日本の恵まれた条件

日本は独特の地理的利点にも恵まれていて、そのおかげで、より迅速に再生可能エネルギー・インターネットへと移行することができるでしょう。日本の皆さんにとってさえ意外かもしれませんが、日本は先進工業国のうちで再生可能エネルギー源（太陽光、風、地熱）を最も豊富に持つ国なのです。

ロッキーマウンテン研究所の共同創立者でチーフサイエンティストのエイモリー・B・ロヴィンス*が指摘しているように、日本はドイツの9倍の再生可能エネルギー資源を持っていながら、そうしたエネルギー源による発電量はドイツの9分の1しかありません。

例えば、「日本はドイツと比べて、国土は5パーセント、人口は68パーセント、GDPは74パーセント多く、太陽光や風もはるかに豊富だが、2014年2月までに増やした太陽光発電量はドイツのおよそ5分の1にすぎず、風力の利用の増加はないに等しい」のです。

***エイモリー・B・ロヴィンス**
物理学者、ロッキーマウンテン研究所共同創設者・会長・チーフサイエンティスト。再生可能な資源と環境についての第一人者。『タイム』誌が特集する「世界で最も影響力のある100人」に選ばれている（2009年）。『ソフト・エネルギー・パス』『スモール・イズ・プロフィタブル』『ファクター4』『新しい火の創造』『再生可能エネルギーがひらく未来』など著書多数。

日本を引き留めているのは、やはり、一握りの垂直統合型*の巨大な電力会社で、これらの企業が日本で途方もない影響力を振るいながら、原子力発電を断念することを頑として認めません。

## 始まった再生可能エネルギーへの取り組み

とはいえ日本は、デジタル化された分散型の再生可能エネルギー・インターネットの確立に向けて、慎重ながらも着実に前進しています。

経済産業省が2015年7月に発表した「長期エネルギー需給見通し*」は、2030年までに全エネルギーのうちに再生可能エネルギーの占める割合を22〜24パーセントにするという、控えめと呼ぶのがせいぜいの——ドイツには遠く及ばない——増加を求めるにとどまりましたが、三菱電機、東芝、パナソニックといった日本企業は、家庭用ソーラーパネルの設置を促進しようと積極的なマーケティングをしかけ、スマートな家庭エネルギー・システム実現に向けた戦略を展開しています。

**＊垂直統合型**
企業あるいは企業グループがサプライチェーンの川上から川下まで、つまり開発から生産、販売、アフターサービスなどを統合して行なうビジネスモデル。

**＊長期エネルギー需給見通し**
2014年4月に閣議決定されたエネルギー基本計画を受け、経産省総合資源エネルギー調査会基本政策分科会長期エネルギー需給見通し小委員会でまとめられた。「東日本大震災前に約3割を占めていた原発依存度は、20〜22パーセント程度へと大きく低減する」とされている。

再生可能エネルギーは供給が断続的となるため、電力のピーク負荷とベース負荷を効果的に管理するには、当然ながら、最先端の電力貯蔵技術が必要です。この分野でも、日本は世界をリードしています。

２０１８年までに日本全国で、地産エネルギーを貯蔵するために設置された家庭用水素燃料電池（エネファーム）*の数は20万台に達しています。福島の原発事故のあと、エネルギー貯蔵は日本政府にとって喫緊の課題となっています

総効率と生産性の劇的改善――先ほども述べたとおり、日本の得意分野です――のための、送配電網のデジタル化の面でも、日本は前進しています。

日本は２０２０年代のなるべく早い時期までにスマートメーター*をすべての家庭に設置するという目標を掲げています。日本最大の公益企業である東京電力は、２０１７年までに１３００万台のスマートメーターを設置し、２０２０年までに全利用者２７００万台の設置を完了する計画です。

経済産業省も、ＡＩ（人工知能）やＩｏＴを活用したエネルギー使用の最適化に１９１７億円、さらに、再生可能エネルギーの拡大と水素エネルギーの実用化加速のために１３９３億円を予算に計上しています。*

*エネファーム
２０１４年４月に閣議決定されたエネルギー基本計画では、普及目標として２０２０年に１４０万台を掲げている。

*スマートメーター
情報通信機能を持った高機能デジタル電力メーター。政府の「エネルギー基本計画」によって約８０００万台の電気メーターを２０２４年までにスマートメーターに入れ替えるとされている。

*平成30年度 資源・エネルギー関係概算要求のポイントより

これも、生産性を上げるためにたゆまず総効率を最適化していくという、日本のお家芸だと言えるでしょう。

## 燃料電池車と東京オリンピック

デジタル化されたコミュニケーション・インターネットと再生可能エネルギー・インターネットが一体となることで、自律型のＧＰＳ誘導でドライバーレスの輸送／ロジスティクス・インターネットが日本でも実現可能になりつつあります。

電気自動車と燃料電池自動車へのシフトについて、日本の自動車メーカーはドイツのメーカーと張り合っています。トヨタは20年ほど前、初のハイブリッド車プリウスを導入してライバル企業の先頭に立ち、電気自動車における世界のリーダーになりました。２０１８年からは、トヨタとホンダと日産が手を組んで、水素燃料電池を搭載した自動車、バス、トラックを導入するための水素ステーション整備に着手しています。持続可能性《サステナビリティ》へとコミットを深める若い世代を引きつけようと、日本政府は燃料電池自動車1台の購入につきおよそ200万円という高額の補助金*を出すことで、ガソリン車からの移行を促しています。

これに加えて東京都は2020年のオリンピックに向けて、燃料電池自動車への補助と、水素ステーション35か所の建設のために400億円を投じる予定*で、これは2020年には路上を走っているはずの燃料電池自動車6000台に対応するものです。水素ステーションの建設費の8割近くが、都の補助金で賄われることになります。

電気自動車と燃料電池自動車へのシフトは、輸送セクター再編の始まりを告げる、破壊的変革の一つにすぎません。

日本の都市部でカーシェア・サービスが普及するにつれ、インターネットに慣れ親しんだミレニアル世代（1981〜2000年生まれの世代）の関心は、自動車を所有することから「移動手段へとアクセスする」ことに急速に移っています。

急拡大するシェアリングエコノミーのなかでも、カーシェア・サービスは指数曲線を描いて成長しています。2009年から2017年の間に、カーシェア・サービスの登録者数は、6396人から108万5922人に、カーシェアリングに供される自動車の数は563台から2万4458台に、それぞれ増えています。

**＊燃料電池自動車の購入補助金**
CEV補助金（クリーンエネルギー自動車等導入費補助金）：約202万円。

**＊水素社会・スマートエネルギー都市づくり推進基金**
水素エネルギーの利用の拡大を図るとともに、エネルギーの有効利用および低炭素かつ自立分散型のエネルギーの利用が進んだスマートエネルギー都市の実現に資するため、2015年に基金を設立、400億円を積み立てる。

## 世界が競うモビリティ革命

日本政府と輸送・物流業界はすでに、モビリティ革命の次なるステージを計画しています。デジタル化された輸送／ロジスティクス・インターネット上で動くGPS誘導の自動運転車を配備することもその一つです。

ドイツの自動車メーカーに後れをとっていることに気づいたトヨタ、ホンダ、日産の各社は、自動運転車の市場投入に向けて、いまや大急ぎで巻き返しを図っています。IoTがつくり出すスマートソサイエティにおいて充分な競争力を発揮するには、自動化された輸送グリッド上で稼働し、限界費用がほぼゼロの再生可能エネルギーで動く自動運転の電気自動車や燃料電池自動車が不可欠だからです。

2015年1月、日産は、自動運転テクノロジーについて、アメリカ航空宇宙局（NASA）と共同研究開発を始めましたが、2018年1月にはこの提携をさらに拡大すると発表しました。*

**＊日産とNASAの共同研究開発**
北米日産とカリフォルニア州シリコンバレーにあるNASAエイムズ・リサーチ・センターによる共同研究。2017年にはSAM（シームレス・オートノマス・モビリティ）を発表している。

また、日産とDeNAは共同で、ドライバーレスな自動運転車によるライドシェアの実証実験を行ない、2020年の本格稼働を目指しています。*

一方、日本政府は、輸送／ロジスティクス・インターネット上での自動運転テクノロジーが普及していくにあたり、そのグローバル標準の確立で欧米の自動車メーカーに先を越されることを懸念して、この方面にも介入しています。国土交通省は、国内の3大自動車メーカーを動かし、日立、パナソニック、デンソーなどの部品供給業者や、名古屋大学と東京大学の研究機関と手を組んで、安全規則と部品仕様書のための規約や規制、基準を協働して定めるよう促しています。

*無人タクシーの実証実験
日産とDeNAは2018年3月に横浜・みなとみらい地区で「Easy Ride」と呼ぶ無人運転可能な車両を使ったライドシェアサービスの実証実験を行なった。

## 広がるスマートシティ

コミュニケーション、エネルギー、輸送／ロジスティクスを統合し、IoTプラットフォーム上で稼働する単一のシステムにまとめ上げたスーパーインターネットが出現することで、日本全国でいわゆる「スマートシティ」創出のためのインフラが整います。

日本では、経済産業省が主導した京都・大阪・奈良にまたがるけいはんな学研都市、横浜市、北九州市、豊田市の四つのスマートシティ・プロジェクト*をはじめ、経団連が主導する「未来都市モデルプロジェクト*」などスマートシティへの試みが各地で行なわれています。

スマートシティは、あらゆるスマートデバイス・機械・家電製品を互いにつなぎ、あらゆる家庭、近隣地域、オフィス、工場、倉庫、自動車、道路網、小売店とも接続して、リアルタイムでビッグデータを提供します。そのビッグデータを分析すれば、アルゴリズムやアプリケーションを作成することができます。それによって、こうした都市圏の膨大な数のバリューチェーンのなかで経済活動をマネジメントし、エネルギーを供給してロジスティクスを動かすにあたり、総効率と生産性を劇的に上げて、限界費用を減らすことができるのです。

日本のスマートシティがこうして極限的な高い生産性を実現すれば、日本企業はデジタル時代の限界費用の低いグローバル経済においても競争力を維持し続けるでしょう。これも、生産性を高めるうえで不可欠とされる総効率の向上に対する、日本人の

**＊経産省主導のスマートシティ・プロジェクト**
経済産業省の「次世代エネルギー・社会システム協議会」により2010年に「次世代エネルギー・社会システム実証地域」として選定された。

**＊未来都市モデルプロジェクト**
岩手南部循環型バイオマス都市、福島医療ケアサービス都市、日立市スマート工業都市、柏の葉キャンパスシティ、豊洲スマート電化都市、藤沢環境創造都市、豊田次世代エネルギー・モビリティ都市、京都e-BUSネットワーク都市、山口アクティブ・エイジングシティ、西条農業革新都市（愛媛県西条市）、北九州アジア戦略・環境拠点都市、沖縄物流拠点都市の計12プロジェクト。

こだわりを示す例の一つです。

## シェアリングエコノミーの興隆

スマートシティが日本中に広まるにつれ、ますます多くの製品とサービスの限界費用がゼロへと迫ることで、シェアリングエコノミーは従来の資本主義市場と並んで成長し、繁栄することになるでしょう。

日本人、わけても若いミレニアル世代は、新世代のアプリを使いこなし、バーチャルとリアルの両方の製品とサービスを低い限界費用やほぼゼロの限界費用でシェアできるようになっています。

若者たちは音楽やブログニュース、ユーチューブの動画、電子書籍、ウィキペディア上の情報、大規模公開オンライン講座MOOC（ムーク）*を自分たちでつくり、シェアするだけでなく、いまやデジタルスペースで物理的なモノの生産とシェアも始めています。

*MOOC
Massive Open Online Courseの略。世界トップクラスの大学・機関によってさまざまなコースが提供され、オンラインで誰でも無償で利用できる。

2020年の東京オリンピックに向けて観光事業を促進するために、日本政府は経済成長の青写真を用意し、自宅所有者やマンションの住人がホームシェア・サービス(民泊)を使って観光客に住まいを簡単にシェアできるよう法整備*を行ないました。エアビーアンドビーだけでも、シェア可能な家やアパートをすでに5万件以上ウェブサイトに載せています。

その他にもシェアサービスを提供する新しいアプリが次々と生まれています。このようなアプリは、提供者《プロバイダー》とユーザーを結びつけて、いわば一つの社会的な大家族にまとめ、日本全国でモノをシェアできるようにしているのです。

## IoTが生活の質を変える

IoTはゲーム・チェンジャーとして、日本や世界の現状を根本から覆していきます。

シスコシステムズの調査*によると、IoTがもたらすグローバルな価値のうち、2

＊ホームシェア・サービスの法整備
ホームシェア(いわゆる民泊)のルールを定めた住宅宿泊事業法(民泊新法)が2018年6月から施行される。

＊シスコシステムズの調査
シスコシステムズ発行の白書『Embracing the Internet of Everything To Capture Japan's Share of $14.4 Trillion』より。

022年までに日本のシェアは7610億ドル（世界全体の5パーセント）になる見通しだといいます。その内訳は、市場取引の時間短縮といったイノベーションが2390億ドル、新たな顧客の獲得が2130億ドル、サプライチェーンとロジスティクスにおける無駄の削減が1810億ドル、資産活用コストの減少が820億ドル、労働効率の向上が残る460億ドルです。

自動化《オートメーション》と相互接続が進むスマート経済のなかで、これらの数字は旧来の資本主義市場における価値の増大を表しています。

一方でシスコシステムズの調査には反映されていないのが、成長するシェアリングエコノミーにおいてIoTインフラが生み出す価値です。バーチャルな世界と従来型の経済の双方で、限界費用がほぼゼロでシェアされる無料の製品とサービスが増えることは、GDPの値に表れないものの、多くの日本人、特に若いデジタル世代の生活の質を一変させるでしょう。

## 岐路に立つ日本

ＩｏＴの世界が進み、限界費用ゼロ社会が生まれるなかで、日本の将来を見極めるためには、人口の高齢化による影響をめぐって高まる不安を無視するわけにはいきません。

労働人口が減れば必然的に日本の生産性が落ち、成長能力が損なわれる、というのが一般的な見方です。ですが、歴史の流れが人口動態で決まり、将来性があるのは人口の再生産率*が最も高い社会だという考え方は、高度にオートメーションが進んだスマート経済においては通用しません。人口動態や人口の再生産率は、もはや経済の健全性を示す唯一の指標ではないはずです。

第1次・第2次産業革命の両方において、総効率と生産性を向上させた日本の幅広い歴史的経験は、今後スマートＩｏＴインフラへと舵を切り、第3次産業革命を迎え入れるうえでの強みとなりえるでしょう。

完全にオートメーション化され、資本主義市場とシェアリングエコノミーのハイブ

*再生産率
人口の再生産（置き換え）する力を表す指標。①合計特殊出生率に等しい粗再生産率、②女性が一生に生む女児の数を推計した総再生産率など、いくつかの種類がある。

リッドな経済が極限的な生産性によって生まれることで、次の100年はより少ない人口でかつてないほど質の高い生活を享受できるようになるでしょう。

日本はいま、歴史上の岐路に立たされています。

もし日本が旧来のコミュニケーション・テクノロジーやエネルギー様式、輸送／ロジスティクスから抜け出せず、汚染を撒き散らし持続不可能な20世紀のビジネスモデルを続けるなら、その将来の展望は暗いものになるでしょう。実際、日本は急速に零落して、今後30年のうちに二流の経済に成り下がるかもしれません。

ですが、日本がもし時を移さず企業家精神を発揮し、エンジニアリングの専門技術を動員し、それに劣らず潤沢な文化的資産――効率化への情熱や非常に意欲の高い未来志向――を生かせれば、限界費用ゼロ社会へと世界を牽引し、より平等で豊かな、環境的にも持続可能な時代をつくり出すための貢献ができるはずです。

第２章

# 日本は限界費用ゼロ社会へ備えよ

限界費用ゼロ社会とは何か？　なぜそれが第3次産業革命へとつながるのか？　ヨーロッパや中国から立ち遅れたかに見える日本は、果たしてまだ間に合うのか？　地球規模の文明論からデジタル革命の人類や生物圏へのインパクトまで、リフキン理論の全貌が平易かつ存分に語られた野村総合研究所（NRI）主催「NRI未来創発フォーラム2017」での講演を収載。

皆さん、こんにちは。久しぶりに来日して、こうしてお話しできることを光栄に思います。最初に暗い話から始めましょう。でも最後には、皆さんから前向きな反応がいただけるものと思っています。皆さんでぜひ、ご判断いただければと思います。

## 超富裕層８人 vs 世界の人口の半分

ＧＤＰの伸びは世界中で鈍っています。生産性が世界中で低下しているからです。その結果、失業率は非常に高くなっています。特に問題を抱えているのは若いミレニアル世代の人たちで、21世紀の職場でなんとか仕事を見つけようとしています。

エコノミストたちは、今後20年以上にわたって低い生産性と鈍い経済成長が続くと予測しています。でも本当にそうでしょうか？

19世紀と20世紀には、二つの産業革命がありました。そしていま、人類の50パーセントは、工業化以前よりもはるかに豊かな生活をしているはずです。

一方で人類の40パーセントの人たちは、1日2ドル以下で暮らしていて、工業化以前よりもよい暮らしぶりになったとはとても言えません。人類の半数がうまくやってきたのに、残りの半数はかろうじてよくなった程度なのです。

超富裕層は本当にうまくやりました。今日、世界で最も裕福な上位8人の資産の合計は、地球上に暮らす人々の半分に当たる36億人の資産の合計額と同じです。*

歴史上、これほどの格差があったことはありませんでした。

経済が長期的な危機にあることは明らかです。景気低迷ではなく、危機なのです。けれども、いまやこの経済危機に加えて、さらなる危険が迫っています。

環境危機です。

**＊36億人の資産の合計額と同じ**
国際NGOオックスファムが2017年1月に発表。富裕層上位8人の資産は計4260億ドル（約48兆7000億円）。

## エントロピーのつけ

気候変動は現実のものとなっています。もはやモデルや理論のなかのお話ではなく、おぼろげに見え始めてきたといったことでもありません。

第1次・第2次産業革命によって、大量の二酸化炭素やメタンや窒素酸化物が、この小さな地球の大気中に排出されました。いまやその代償を私たちは払っています。エントロピー*のつけが回ってきているのです。

ご年配の方は、1980年に私が『エントロピーの法則』*を書いたことを覚えていらっしゃるかもしれません。その本で、気候変動は起こると私は書いています。ですが、これほど早く起こるとは当時は思っていませんでした。

気候変動の本当の脅威については語られていません。もしそれを知ったら、私たちはその場で怯えてしまうかもしれません。ですが、日本も他の国々も、気候変動に対処するという一つの目標に向かって突き進むことになるはずです。

**＊エントロピー**
熱力学における集中から分散への不可逆性の度合いを数値化したもの。統計力学においては系の微視的な「乱雑さ」を表す物理量で、情報力学でも情報の「乱雑さ」を表すもの。リフキンがここで語っているのは熱力学的な概念としてのそれで、実用的にはエネルギーの利用可能性の度合いを示す尺度。

**＊『エントロピーの法則』**
原題は *Entropy: A New World View*（エントロピー～新しい世界の見方）。邦訳刊行は1982年、竹内均訳、祥伝社。

## 気候変動の語られなかった真実

気候変動は地球の水循環を変えてしまいます。これこそが気候変動の意味であり、いままであまり説明されてこなかった真実です。

私たちは水の惑星に住んでいます。地球の生態系は数百万年もかけて、地上を覆う雲と降雨から成る水の循環と直接関わりながら進化してきました。問題はここにあります。

産業活動に起因する温室効果ガスのために、気温が1度上昇するごとに、大気が地上や大洋から吸収する水分は7パーセント増えます。気温上昇によって、雲の水分がますます増え、水がもたらす事象はますます激しく、極端で、予測不能になっていきます。

冬は大雪に見舞われることが多くなり、1年前のボストンでは2メートルを超える積雪がありました。春の洪水はますます激しくなり、南北カロライナ両州では、100年に1度という大洪水がありました。それがこの2年間で4回起こったのです。

アメリカ西部では夏の旱魃《かんばつ》と山火事が問題になっています。カナダのブリティッシュ・コロンビア州からカリフォルニア州にかけて旱魃が起こり、何百万エーカー（1エーカーは約4000平方メートル）も焼く山火事が発生しました。

大西洋ではカテゴリー3〜5のハリケーンが発生し、太平洋では台風による死者も出ました。ご承知のように、2017年にはアメリカでは三つのハリケーンが発生し、テキサス州、フロリダ州、ヴァージン諸島、プエルトリコを襲いました。

前代未聞の出来事でした。

## 6度目の大絶滅

多くの人々が亡くなっています。生態系も崩壊しつつあります。指数関数的に増大、極端化する水循環を受け止めることができないからです。これは脅威です。

科学者たちによれば、いまや地球上の生命は6度目の大絶滅に向かっています。それなのに、ニュースの見出しにもなりません。過去4億5000万年の間に、地球は

５度の生物大量絶滅を経験しました。* 人類が誕生するはるか昔のことです。新たな生命で地球が再び満たされるには、１０００万年ほどかかります。

そして人類はいま、６度目の大絶滅をリアルタイムで迎えているのです。皆さんにお子さんやお孫さんがいるのなら、どうぞ耳を傾けてください。科学者の予測では、地球の生物種の半数が、今後80年のうちに絶滅するかもしれません。いま、赤ん坊であれば、この絶滅に直面するでしょう。

これだけの大量絶滅が最後に起こったのは、６５５０万年前です。私たちはいまどんなに重要な局面にあるのか気づいていません。ただちょっとだけ環境に配慮したような取り組みをやって、お茶を濁しているのです。

## 経済危機＋環境危機

私たちは経済危機に見舞われています。これは世界的な現象です。さらには気候変動によって、地球の生態系も破壊されています。いまや世界全体にとっての新しい経

**＊５度の大絶滅**
オルドビス紀末（約４億４３４０万年前）、デボン紀末（約３億５８９０万年前）、ペルム紀末（約２億５２１７万年前）、三畳紀末（約２億１３０万年前）、白亜紀末（約６５５０万年前）。

済的ビジョンが必要なのは明らかです。しかも説得力があるものでなければなりません。ゲームプランをつくって、早急に動き始めなければならないのです。

悲劇的な結末を避けたいのであれば、まず、日本も世界も、30年以内に炭素を排出する化石燃料から脱却しなければなりません。そうすれば気候変動を止められるというわけではありません。気候変動そのものは、実際には数千年前から起こっているからです。

私たちはいまや、進歩の時代からレジリエンス*の時代へと入っているのです。悲劇を避けることはできるかもしれません。それは皆さんや、皆さんのお子さんたちに残された課題なのです。

## 経済のパラダイムシフトの条件

新しいビジョンを考えるには、一度振り返って、こう問いかけてみる必要があります——歴史上の大きな経済的パラダイムシフトは、どのようにして起こったのでしょ

＊レジリエンス
「脆弱性」の反対の概念であり、弾力や復元力、心理学においては自発的治癒力の意味で使われる。「精神的回復力」「復元力」「耐久力」「抵抗力」などとも訳され、近年は「レジリエンス」のままで、心理学や組織論、ネットワーク理論などにも使われるキーワード。

うか？　それがわかれば、世界第3位の経済大国である日本にとってのロードマップとコンパスを手にすることができるでしょう。気候変動が手遅れにならないうちに、人類の新たな旅路を進み始めるのです。

大きな経済的パラダイムシフトがどのようにして起こるのかというのは、人類史においてもとても興味深い問いです。これまでに少なくとも七つの大きな経済的パラダイムシフトがありました。そこには共通点があります。すなわち、ある文明において、そのときに三つの決定的なテクノロジーが出現して普及することで、汎用テクノロジーのプラットフォーム（インフラストラクチャー）が構築されることです。このインフラは、経済や社会、政治をマネジメントし、動力を供給してロジスティクスを動かすやり方を根本的に変えてしまいます。

その三つの決定的なテクノロジーとは次のものです。

1. 私たちの経済的・社会的・政治的活動をより効率的にマネジメントするための新たなコミュニケーション・テクノロジー。
2. より効率的に動力を供給するための新たなエネルギー源。

３．より効率的に輸送／ロジスティクスを動かすための新たなモビリティ形態。

新たなコミュニケーション革命が、新たなエネルギー体制と新たなモビリティ形態と連携することで、私たちの時間的・空間的方向性を変え、ビジネスモデルを変え、政府のあり方を変え、私たちの意識を変えるのです。

## 産業革命はどうやって起こったか

19世紀の第1次産業革命と20世紀の第2次産業革命を例に簡単にご説明しましょう。

19世紀のイギリスでは、コミュニケーションとエネルギーとモビリティのインフラに変化が起こったことで第1次産業革命が起こりました。蒸気を動力源とする印刷技術が発明され、安価で速くて効率的な蒸気印刷機によってコミュニケーションに大きな飛躍が起こりました。

19世紀後半には、イギリス中に電信網が敷設されました。蒸気印刷機と電信システムはイギリスにおいて、新たなエネルギー源と結びつきます――蒸気機関によって採掘される安価な石炭です。

イギリス人が発明した蒸気機関はその後、鉄道機関車に利用されました。こうして新たなコミュニケーションとエネルギーとモビリティがイギリスで揃い、第1次産業革命となったのです。

第2次産業革命はアメリカで起こりました。

電話が新たな即時コミュニケーションの手段になりました。現代のインターネットは確かに大きな出来事ですが、当時の電話の登場は、途方もない出来事でした。世界中の人たちが、安く、即座に、簡単にコミュニケーションができるようになりました。

それからラジオとテレビが登場しました。アメリカのそうした通信技術は、新たなエネルギー源と結びつきます――テキサス州の安価な石油です。そして内燃エンジンが登場すると、ヘンリー・フォードによって、自動車やバスやトラックが道路を走るようになりました。

## 化石燃料に依存する経済

20世紀には第2次産業革命が全世界に広がり、２００８年7月にそのピークを迎えました。この月に何があったかご存じでしょうか？　２００８年7月、ブレント原油*の価格が1バレル当たり１４７ドルにまで高騰したのです。これは過去最高値でした。この月、世界経済全体が停止しました。それほど、経済にとって大激震だったのです。60日後に起こった金融市場の崩壊*は、その余震にすぎません。

現在の文明においてはあらゆるものが、過去の炭素堆積物に依存しています。農薬も肥料も、建築資材も、医薬品も、合成繊維も、電力も、輸送機関も、暖房や電灯も、すべて化石燃料によってつくられ、届けられています。そのため、原油価格が1バレル当たり85ドルから90ドルを超えると、他のすべてのものが値上がりします。1バレル当たり１１５ドルを超えると、あらゆる製品やサービスの価格が高騰し、購買力が低下して、経済が縮小します。経済活動が抑えられると、原油価格は1バレル当たり50ドルから30ドルにまで下がります。そこで再び生産を増やしていくと、原油価格は

*ブレント原油
原油価格市場の主要な指標の一つ。

*金融市場の崩壊
２００８年9月に起こった世界的金融危機。いわゆるリーマン・ショック。

また上昇し、購買力が低下していくのを繰り返すのです。

日本にとってこれは重要な問題です。

というのも日本は、世界のなかで化石燃料の輸入量が2番目に大きな国だからです。液化天然ガスの輸入量は世界で最も多く、石油と石炭については第2位の輸入大国です。だから次のことは知っておくべきでしょう。世界中で石油が出る国は、ベネズエラから中東まで、その多くが破綻国家となっています。

では、今後どうすればいいのでしょうか？

一つの逸話をご紹介しましょう。アンゲラ・メルケルはドイツ首相になると、就任後数週間のうちに私をベルリンに招きました。どのようにドイツ経済を成長させ、雇用を創出するかという問題に取り組むのを、手伝ってほしいとのことでした。

私はベルリンに着くと新首相に真っ先にこう尋ねました。「メルケル首相、ドイツのビジネスは第2次産業革命の老朽化したインフラのままで、これでどうやって経済を成長させるおつもりですか？」

当時ドイツは、中央集中型の電気通信、化石燃料と原子力、内熱エンジンによる道路・鉄道・水上・航空輸送によってマネジメントし、エネルギーを供給し、ロジスティクスを動かしていました。しかもそれらのインフラは、15年以上も前に生産性のピークを過ぎていたのです。

## ニュートン力学と経済理論

なぜ生産性が低下していくのでしょうか？　どうやらエコノミストはご存じないようなので私が説明しましょう。

1700年代後半に古典的な経済理論が書かれた当時、ブームになっていたのがニュートン力学でした。宇宙の神秘を解き明かしたかに思われたその理論を、隠喩《メタファー》として誰もがこぞって拝借しようとしました。

思想家もそれに続きました。ニュートンの運動の第3法則では、物体が互いに及ぼし合う作用と反作用は、大きさが等しくて逆向きだとしています（作用反作用の法則）。アダム・スミスは「見えざる手」にニュートンのこのメタファーを借用し、供給側のいかなる行動にも、需要側に大きさが等しく逆向きの作用があるとしました。

ニュートンの運動の第1法則は、動いている物体は外部の力の作用を受けないかぎりその運動を続けるというものです(慣性の法則)。フランス人経済学者のジャン＝バティスト・セイはそのメタファーを借用して、供給が需要を刺激し、その需要が供給を刺激し、それが需要をまた刺激し、それが供給を生み、独占市場が生まれるまでそれが続くとしました。

ニュートンの物理学をもとに経済理論を組み立てることの最大の問題点は、ニュートン物理学が経済現象とはほぼ関係がないことです。

## 経済を支配するエネルギーの法則

経済を支配しているのは、宇宙を支配しているのと同じ法則です。太陽系や、地球の生物圏《バイオスフィア》や、日本のビジネス活動を支配しているのも同じ法則です。

その法則とは、エネルギーに関する法則、すなわち熱力学の第1、第2法則です。19世紀後半に化学者やエンジニアによって発見されたものです。

宇宙を支配する熱力学の第1法則（エネルギー保存の法則）では、宇宙のエネルギー量はビッグバンの開闢《かいびゃく》以来同じままだとしています。エネルギーは生み出すことも消し去ることもできません。すべて一定です。ただし、エネルギーは宇宙のなかで絶えず「熱」から「冷」へ、集中から分散へと移行しています。こうしてもはや有用な仕事をなしえないエネルギーの尺度が、エントロピーです。

熱力学には三つの系があります。A：開放系では、外界の宇宙とエネルギーや物質が交換されます。B：閉鎖系では、外界の宇宙とエネルギーは交換されますが、物質は交換されません。C：孤立系では、外界の宇宙とは物質もエネルギーも交換されません。地球はBの閉鎖系で、私たちは太陽から多くのエネルギーを得ています。今後数十億年は、この太陽エネルギーが尽きることはないでしょう。

しかし、地上の不揮発性物質――これもエネルギーの一形態です――については、有限です。皆さんがお持ちのスマートフォンに使用されているレアアース*は、原始太陽系円盤の一部が原始地球となり冷やされて以来、ずっと地球に存在しています。ときどき隕石や宇宙塵《じん》が飛来することはあっても、それを別にすれば、この地球上で使える物質は、地球が生まれて以来、ずっとここにあるものなのです。

＊レアアース
希土類元素と、その酸化物や塩化物などの総称。地球上の存在量が希であるか、技術的・経済的な理由で抽出困難な金属のうち、工業用需要があるものをレアメタルというが、そのうち、ネオジムなど17元素を希土類元素という。

これに経済学はどう関わってくるのでしょうか？

私たちは、金属鉱物やレアアース、化石燃料などの利用可能な物質とエネルギー源を地球から採掘し、輸送し、保管し、それらから製品やサービスを生み出し、消費し、リサイクルして地球に戻します。こうしたサプライチェーン*とバリューチェーン*を通して私たちは経済活動をマネジメントし、エネルギーを供給し、ロジスティクスを動かしています。

自然にあるものを次々と変換し、社会のバリューチェーンを通過させて最後にまた自然に戻すその各段階で、私たちは一定量のエネルギーと物質をその製品やサービスへと取り込み、バリューチェーンの次の段階へと送り出さなければなりません。

このそれぞれの変換の過程で、エネルギーと物質の一部が失われます。このことを経済学では総効率という概念で捉え、製品やサービスに取り込まれた潜在的な仕事量のうち、変換の過程で失われていくものを除いて、実際の有用な仕事に変換された部分の割合を示します。

自然界の例でご説明しましょう。例えば草原でライオンがレイヨウを追いかけ、殺して食べるときに、ライオンが追加的に獲得するのはレイヨウのエネルギーの10パー

*サプライチェーン　供給連鎖。原材料調達から生産管理、物流、製品やサービスが消費者の手に届くまでの全プロセスのつながり。

*バリューチェーン　価値連鎖。企業活動における業務の流れを機能単位に分割し、どの工程においてどのくらいの量の付加価値が生まれているかを捉えたもの。

セントから20パーセントだけです。残りのエネルギーは追跡の過程や変換（消化吸収と物質変換）の過程、食べる過程で熱として、また食べ残しの形でも失われます。

## 生産性向上の知られざる要因

これがドイツの首相との会見とどう関係あるのかと思われていることでしょう。メルケル首相は物理学者です。私は首相にこう伝えました。アメリカは第２次産業革命を１９０５年の時点で３パーセントの総効率で始めました。バリューチェーンにおけるどの変換においても、利用可能なエネルギーと物質の97パーセントが失われていました。

１９９０年代には、アメリカの総効率は14パーセントにまで上昇していました。利用可能な仕事量のうち、実際に製品やサービスに取り込まれた仕事量の割合がそこまで上がったのです。そこで頭打ちになりました。それ以来変わっていません。ドイツは18・５パーセントの総効率にまで上昇し、過去10年間、同じままです。

第2次産業革命で、総効率において世界をリードしたのはどの国でしょうか?

日本です。

日本は1990年代後半に総効率20パーセントにまで上昇し、そこで頭打ちになりました。日本は世界の工業国をリードしたのです。

なぜこれが重要なのでしょうか?

生産性向上の主要因は「より優れた機械への資本投下」と「パフォーマンスのより高い労働者」だとこれまで考えられていました。しかし、熱力学を学んだ新世代のエコノミストが第2次産業革命を辿って調べたところ、それらは生産性のうちたった14パーセントしか説明できないことがわかったのです。

生産性の残りの86パーセントが何に由来するのか、私たちはずっと知らないままでした。実は「総効率」こそが、三つ目の要因だったのです。

これで生産性や成長の大半を説明することができるようになりました。エンジニアや物理学者、化学者、生物学者、建築家だったら、教育課程でこの熱力学の第1法則と第2法則を学んでいるので、おわかりでしょう。

## 「第3次産業革命をドイツのために実現させましょう」

　私は、ウォートン・スクール*という世界最古のビジネススクールでエグゼクティブ向けに特別プログラムを教えています。私の知るかぎり、世界のどのビジネススクールでも、経済活動を支配する熱力学の法則を学生に学ばせてはいません。学生は、生産性の大半が何に由来するのかわかっていないのです。

　だから、私がメルケル首相との最初の会見でお話ししたことを、皆さんにもぜひしっかりと聴いていただきたいと思います。なぜなら、ドイツと日本は非常に似ているからです。世界でしのぎを削っている2国を挙げるとしたら、それはドイツと日本です。

　私は首相にこう提言しました――市場改革や労働改革、財政改革、通貨改革に手をつけてもいいでしょうし、あらゆる業態のスタートアップ企業にインセンティブを与えてもいいでしょう。けれども、ドイツのビジネスが第2次産業革命の老朽化したインフラのままでいるかぎり、何も変わらないでしょう、と。

**＊ウォートン・スクール**　ペンシルヴェニア大学のビジネススクール。1881年に設立され、世界的に最も高い評価を受けるビジネススクールの一つ。

中央集中型の電気通信、化石燃料と原子力、内燃エンジンを用いた道路・鉄道・水上・航空輸送を特徴とするそのシステムの生産性と総効率は、15〜20年前にピークを過ぎているからです。アメリカもそうでした。日本を含め、他のすべての工業国でもそうだったのです。

ドイツ首相と会ったその日に、私は第3次産業革命の話をしました。コミュニケーションとエネルギーとモビリティが新たに結びついたデジタル産業革命です。

ちなみに、「第4次産業革命」というものはありません。それは誇大宣伝やブランド戦略、マーケティングの類いだと思います。存在しないのですから、誰にも説明できません。

第1次産業革命は蒸気動力によるものでした。第2次産業革命はアナログの電気システムによるものです。第3次産業革命はデジタルな相互接続によって起こるのです。その日の最後にメルケル首相は、「この第3次産業革命をドイツのために実現させましょう」と言いました。それからの10年間で私たちがドイツで何をやってきたか、あとですぐまたお伝えしましょう。

## 三つのインターネットの融合

コミュニケーション・インターネットはいまや成熟期を迎えています。ワールド・ワイド・ウェブ（WWW）が登場してからもう25年です。皆さんがお持ちのスマートフォンを通して、35億人とつながっているのです。

先ほどお伝えしたように、いまやこのデジタル化されたコミュニケーション・インターネットが、揺籃期にある再生可能エネルギーのデジタル化されたインターネットと一つに合体しつつあります。そこでは何百万もの人々が自ら太陽光と風力による電力を生み出し、オフグリッド*でそれを利用し、シェアし、余剰分をこの新しく生まれたエネルギー・インターネットへと送り出すことで、地域や国中にエネルギーを届けています。

そしてこの二つのインターネットがさらに第3のインターネット、つまりデジタル化された自律的な輸送／ロジスティクス・インターネットと一つに合体していきます。そこでは自動運転の電気自動車やドローンが、限界費用ゼロの太陽光と風力のエネル

*オフグリッド
電力会社の送電網（グリッド）に接続せずに、独立電源で電力を利用すること。

ギーで動くのです。

デジタル化されたコミュニケーション・インターネットと再生可能エネルギー・インターネット、それにモビリティ・インターネットの三つは、IoT（モノのインターネット）と呼ばれるプラットフォームに乗って統一的に機能します。

そこではすべてのインフラにセンサーが組み込まれ、あらゆる領域――農業、工場、スマート倉庫、スマート道路、スマートハウス、スマート自動車――のデータを記録します。そのデータが24時間365日、他の機器や私たちに送られてくるのです。

2030年までには、あらゆるものが相互に結びついていることでしょう。私たちはいわば地球規模の脳《グローバル・ブレイン》をつくり出しているのです。その神経システムのつながりによって全人類は一つになり、低い限界費用で互いに直接やりとりできるようになって、第1次・第2次産業革命の実現を仲介してきた中間業者や垂直統合型組織の多くを一掃することでしょう。

そうなれば〈社会的企業家の精神〉と〈経済の民主化〉が世界中で一気に広がるはずです。そこでは誰もがプレイヤーになるのです。

## ダークネット vs ブライトネット

これはワクワクすることですが、同時に脅威でもあります。というのもその先にはダークネットの存在があるからです。これは健全《ブライト》なネットにとっての強敵です。

この新たな時代において、オープンアクセスとネットワークの中立性をどうやったら保てるでしょうか？　ロシアがアメリカの選挙をハッキングしたように、政府がこの新しいＩｏＴを政治的な目的のために使うことを防ぐには、どうしたらいいでしょう？　グローバル企業がインターネットを乗っ取り、私たちのデータを利用して、一人ひとりの経験や生活を商品化し、私たちの許可もなくビッグデータとして第三者に売ることのないようにするには、どうしたらいいでしょうか？　データを守るには？あらゆる人々がつながったなかでプライバシーを守るには？　世界中で毎日のように起こっているサイバー犯罪やサイバーテロを防ぐには？

このようなインターネットの暗黒面が、ダークネットです。

私たちはできるかぎりの時間と資源を使って、多様性や冗長性*をＩｏＴに組み込ま

*冗長性
障害が発生してもシステム全体の機能を維持し続けるためのバックアップ。

なければならないでしょう。さもなければ約束の地には辿り着けないのです。ダークネットは恐るべき力で、これからの3世代にわたって、政治的な闘争へと私たちを駆り立てるでしょう。けれどもダークネットの問題に対処することはできるはずです。

ここにブライトネットの可能性があります。

中小企業や大企業、あるいは協同組合や非営利組織に属していらっしゃる皆さんは、一人ひとりがバリューチェーンをお持ちです。毎日、そのバリューチェーンに沿って製品やサービスをマネジメントし、エネルギーを供給し、動かしています。

そして、実現しつつある第3次産業革命のIoTプラットフォームによって、あらゆるセンサーからシステムへと送られてくるデータの流れをすでに誰もが見られるようになりつつあります。ブライトネットとはこのようなものです。

## 限界費用の指数関数的低下

バリューチェーンのなかでノイズを含む情報から気になるデータを選り分けて抜き

取り、分析できれば、独自のアルゴリズムとアプリケーションを作成できます。それを使えば、バリューチェーンにおけるあらゆる段階において総効率を大幅に引き上げられるでしょう。

そうなれば、生産性を劇的に引き上げ、エコロジカル・フットプリントを大幅に減らすことができるようなります。より少ない地球資源からより多くを得て、無駄を減らし、固定費を大幅に下げて、限界費用を指数関数的に下げていけるからです。*

デジタル化は、初期の固定費を償却したあと、製品やサービスの生産や流通を一単位追加する限界費用を劇的に下げます。この限界費用があまりに低くなると、資本主義というシステムは、そのやり方を変えざるをえなくなります。というのも、限界費用がゼロに近づくにつれ、利益幅そのものが縮小するからです。

ですから皆さんは、資本「市場《マーケット》」から資本「ネットワーク」へ、「売り手と買い手」から「供給者《プロバイダー》とユーザー」へ、「大量消費」から「持続可能性」へと移行しなければなりません。

これは大転換です。

それが何を意味するかというと、限界費用が低くなるにつれ、あらゆるビジネスが、

＊指数関数的減少
指数関数は一般に$y=a^x$で表される関数で、a>1ならxの増加とともに急激に増加する（指数関数的増加）。これに対し、ここでは0<a<1のケースで、xの増加とともに限りなくゼロに近づく。

もはや一つのセクターにとどまるのではなくあらゆるビジネスと協働《コラボレーション》しなければ機能しなくなるということです。

電気通信、電力公益事業、ＩＣＴ、運輸／ロジスティクス、不動産、建築、先端製造、その他あらゆるセクターにおいて、「コンピテンシー」*をお互いにシェアし、ブロックチェーン*を使ったパートナーシップによってコラボレーションを実現することで、プラットフォームやウェブを運営しなければならないのです。

利益幅が低い場合に収益をあげるには、プラットフォーム上でいつでも経験とサービスの流《フロー》れを絶やさないことです。これは株式《ストック》に似ています。株の売買が行なわれるたびに、証券会社には少額ながら手数料が入ります。

だから、ネットワーク全体を通した絶え間ないフローのなかで、あらゆる瞬間に無数の取引が行なわれていれば、そのトラフィック量によって、プラットフォーム企業やネットワークを運営する企業にとって充分な利益が得られるのです。

皆さんも「ストック」から「フロー」へ、「マーケット」から「ネットワーク」へと移行していかなければならないのです。

**＊コンピテンシー**
セクターごと、企業ごとに区分され、囲い込まれた従来型の競争力、能力ではなく、フレキシブルでオープンな能力単位。第3章参照。

**＊ブロックチェーン**
分散型台帳技術。「ブロック」と呼ばれるデータの単位を一定時間ごとに生成し、鎖（チェーン）のように連結していくことによりデータを保管するデータベースであり、中央管理を必要としない分散型ネットワーク。暗号通貨（暗号理論を使った仮想通貨。ビットコインなど）やスマートコントラクト（プログラム化された契約手続き）などへの応用が注目されている。

## シェアリングエコノミーは資本主義の子供

いくつかのものについては、限界費用がとても低くなり、ほぼゼロに向かっています。そのおかげで、シェアリングエコノミーが生まれているのです。資本主義そのものがシェアリングエコノミーを生み出したのだと言えます。これは誰もが予想していませんでした。

シェアリングエコノミーはいわば、資本主義の子供だと言えるでしょう。まだよちよち歩きの赤ん坊ではありますが、世界の舞台に登場した新しい経済体制としては、19世紀の資本主義と20世紀はじめの社会主義以来、初めてのものです。

これは画期的な出来事です。いまや35億人がインターネットを利用していて、まもなくすべての人々がインターネットでつながります。というのも、いま中国で25ドルで買えるスマートフォンの計算能力は、宇宙飛行士を月に送った当時のコンピューターより優れているからです。すべての人が力を付与《エンパワー》されていくのです。

つまり、いまや、35億の人々がいつでもプロシューマー*となる時代になりました。

*プロシューマー
生産活動を行なう消費者のこと。未来学者アルヴィン・トフラーが著書『第三の波』のなかで示した概念で、生産者（プロデューサー）と消費者（コンシューマー）とを組み合わせた造語。

売り手と買い手、企業オーナーと労働者という関係は今後も存続するでしょうし、資本市場も依然として存在し、一部の産業でこれからも充分な利益を生み出すでしょう。資本主義が姿を消すことはありませんが、もはや経済生活における唯一絶対のシステムではありません。新しく生まれたシェアリングエコノミーと併存していくことになるでしょう。

## コミュニケーション・インターネットの破壊的変革

今後、エネルギー・インターネットとモビリティ・インターネットで何が起こるのかについては、コミュニケーション・インターネットが起こしてきた破壊的変革から予想することができます。

最初のファイル共有サービスであるナップスターが生まれて20年近くになります。いまや、この瞬間にも、何百万もの人々がネット上で限界費用ほぼゼロで音楽をつくり、シェアしています。デジタル録音にかかるコストはますます小さくなり、できあがった音楽をオンライン上で一人に送っても、何十億の人に送っても、限界費用はほぼゼロです。必要なのはプロバイダーぐらいで、追加のコストはかかりません。

若者たちは、動画をつくって限界費用ほぼゼロでユーチューブでオープンソースとして公開し、シェアしています。あるいはソーシャルメディアやニュースブログをつくり出しています。ウィキペディアに投稿し、世界の知に貢献しています。しかもすべて限界費用ほぼゼロでつくり出し、それを無料でシェアしているのです。世界の最良の教授が教えるＭＯＯＣを受講して――これも限界費用ほぼゼロで配信され、無料で受講できます――大学の単位を取得しています。

こうしたプロシューマーの活動のほとんどは、ＧＤＰには反映されません。生活の質を向上させているにもかかわらずです。

## 破られたファイアウォール

音楽、テレビ、新聞、出版など多くの業界が崩壊の憂き目に遭っています。

一方で、新たなビジネスが出現しています。なにもグーグルやフェイスブック、アマゾン、ツイッターだけではありません。何千もの営利・非営利企業がプラットフォームを構築し、アプリを作成し、ビッグデータを分析して、知識、情報、ニュース、エンターテインメントといった分野でプロシューマー主体のシェアサービスを提供しているのです。

それでも私たちは、バーチャルとリアルの間にファイアウォール（防火壁）があると思っていました。デジタル化による限界費用ゼロは、バーチャルな世界には影響を与えても、物理的な世界には関係ないだろうと思ってきたのです。

私が著書『限界費用ゼロ社会』で書いたのは、ＩｏＴによってまさにそのファイアウォールが破られたということです。

いまや、何百万もの人々が、太陽光や風力による電力を限界費用ゼロで生み出し、シェアしています。何百万もの若者が自動車をシェアしています。あと4、5年で、その自動車自体が電気自動車や燃料電池車となって、再生可能エネルギーで動くことになるでしょう。やがて自律走行を始め、ドライバーレスとなり、リサイクル原料を使って３Ｄプリントされた複合材料から製造されることになるでしょう。こうした自動運転車や新世代のドローンは、あなたを目的地まで限界費用ゼロで送り届けてくれるのです。

## 指数曲線を描くエネルギーの限界費用

ドイツの話に戻りましょう。私がメルケル首相と話してから10年後、ドイツの電力の35パーセントは限界費用ゼロの太陽光と風力になりました。２０４０年になる前に、ドイツは１００パーセント限界費用ゼロのエネルギーになるでしょう。

興味深いことに、太陽光・風力エネルギーの固定費は指数関数的にますます下がっています。この20年間のコンピューターと同じです。私の子供時代、コンピューターは数百万ドルしました。ＩＢＭ会長は、全世界で必要とされるコンピューターは5台だろうと述べたと言われています。そこにムーアの法則が登場しました。半導体チップは2年ごとに処理能力が倍増し、コストが半減するというものです。いまや、人類を月に送ったコンピューターよりも性能のよいスマートフォンが25ドルで買えます。

太陽光と風力でも、この指数曲線が25年にわたって描かれてきました。１９７８年には、太陽光による電力を１ワット生み出す固定費は78ドルでした。いまでは55セントです。18か月後には35セントになる見込みです。ヨーロッパとアメリカの電力会社は過去12か月の間に、太陽光や風力の電力を１キロワット時当たり４セントで20年間供給する長期契約を結んでいます。なぜなら、この指数曲線が見えているからです。

## 史上最大のバブル崩壊

私は世界中の電力業界のＣＥＯたちと普段から会って話をしています。日本の電力会社の方々と話したことはまだないのですが、世界中の同じような企業はみな危機感を抱いています。

シティバンクが２０１６年に出したレポートによれば、化石燃料産業の座礁資産*は現在１００兆ドルにのぼります。これは史上最大のバブルの崩壊です。

原子力産業にも巨額の座礁資産があります。これからの20年でコストが指数関数的

*座礁資産
市場や社会環境の激変で価値が大きく毀損する資産。

カーブを描く分散型の再生可能エネルギーに、もはや太刀打ちできないからです。

座礁資産によって巨大な規模で破壊的変革が起きようとしています。

ここでポイントとなるのは、太陽光や風力は、固定費をいったん支払えば、エネルギーを生み出す限界費用はゼロだということです。太陽も風も、ドイツに対して請求書を送ってはきません。無料なのです。

固定費がますます下がり、限界費用はますますゼロに近づいています。いまやドイツの企業は、再生可能エネルギー・インターネットにつながることで、バリューチェーンのどの段階においても、そこにかかるエネルギーの限界費用がほぼゼロです。

つまり、他の国の企業は、原子力発電や化石燃料に依存しているかぎり、とても太刀打ちできません。

## 電力協同組合

この新たなエネルギーは誰が生み出しているのでしょうか？

ドイツには、E・ON《エーオン》、RWE《エル・ヴェー・エー》、EnBW（エネルギー・バーデンヴュルテンベルク）、ヴァッテンフォールの4大電力会社があります。10年前までは、それらの企業は揺るぎない存在に思えました。

しかしいまや、音楽・テレビ・新聞・出版業界に起こったのと同じことが、この業界にも起こりました。農業従事者、中小企業、近隣の人々など、ドイツの何千、何万もの人々が団結して電力協同組合を結成したのです。融資を断る銀行はありませんでした。組合で生み出すエネルギーによって返済できるので、断る理由がありませんでした。

いまやこうしたエネルギーはとても安価になり、関税や補助金も必要としません。原子力と化石燃料は、固定費が低く限界費用がほぼゼロの太陽光・風力エネルギーともはや競うことはできないでしょう。

ドイツで生み出される再生可能エネルギーの95パーセントまでが太陽光と風力であり、地域の協同組合によってつくられています。4大企業がこの分野で競争力を持てないのは、太陽や風がどんな場所でもあることに加え、こうしたエネルギーは近隣や農地、商業地区や工業地区、先端技術集積地域《テックパーク》などその現場で生産しなければならないからです。

## 「二つのビジネスモデルが必要です」

では、電力公益事業はもう終わりなのでしょうか？

そんなことはありません。日本の電力および原子力企業の方々にもこのメッセージをぜひ聞いてほしいと思います――ビジネスモデルを変えなければなりません。

明日からすぐに、というわけではありません。私たちは、第2次産業革命の落日から第3次産業革命の夜明けへと、2世代、40年間にわたって移行していくそのターニングポイントにいます。だから今世紀も繁栄を続けたいのであれば、日本の電力会社には新しいビジネスモデルが必要です。

5年ほど前に、E・ONのヨハネス・タイセン会長が会見を求めてきました。彼はいまも現職です。2時間の話し合いのなかで、私はこうアドバイスしました。

「第2次産業革命から明日すぐに抜け出せというわけではありません。しかし、二つのビジネスを同時に進めていく必要があります。

レガシー産業となっている化石燃料と原子力の座礁資産を、償却していかなければなりません。一方で、第3次産業革命の再生可能エネルギー・インターネットによるビジネスモデルをつくることで、座礁資産を償却するのに充分な利益を生み出し、ゆくゆくは収益の柱とするのです」

## 電力ではなく、マネジメント・サービスを売る

このデジタル化された第3次産業革命のビジネスモデルでは、電力会社は電力を生み出さずに、より少なく売ることによって、より多くの利益を手にします。

そのためには、何千何万というビジネスとパートナーシップを結ぶことです。こうしたパートナーがサプライチェーンとバリューチェーンを動かすのに使うエネルギー・インターネット上のエネルギーの流れを管理するのを、支援するのです。

ビッグデータを分析し、アプリケーションやアルゴリズムを作成するのを支援する

ことで、そうしたビジネスの総効率と生産性を引き上げて、エコロジカル・フットプリントを減らし、ほぼ無料のエネルギーでバリューチェーンをマネジメントして限界費用を下げるのです。その見返りにパートナー企業は、生産性の増加分の一部を電力会社とシェアできます。

昨年、E・ONはようやく私のアドバイスを実行に移しましたが、これは遅すぎました。タイセン会長が化石燃料・原子力発電部門を市場に売りに出したものの、入札者がつかなかったのです。

E・ONはいまや、座礁資産を抱えて行き詰まっています。ですが同時に会社全体のビジネスモデルを、発展するエネルギー・インターネット上でのエネルギー・サービスのマネジメントへとシフトさせつつもあるのです。

RWEも同じ方向に舵を切り、会社を二つに分割しました。レガシー・ビジネスである化石燃料と原子力部門と、新たなビジネスであるエネルギー・サービス部門です。

フランスの電力・ガス会社ENGIEも、同じ取り組みをしています。

フランス最大の原子力会社ERDFは私のグローバルコンサルティング会社TIRコンサルティング・グループLLCに加わり、北フランスの工業地帯であるオー＝ド

=フランス地域圏で太陽光や風力によるエネルギー・インターネットの構築を支援しています。

　われわれのグローバル・チームは、第3次産業革命の経済ロードマップと展開プランをオー=ド=フランス地域圏をはじめヨーロッパ中で立ち上げるために動いています。ERDFが原子力を明日停止することはないでしょうが、長期的なエネルギーの移行が始まっていることを見据えて、取り残されない戦略をとっているのです。

## 先行する中国

　これは何もEUだけの話ではありません。中国でも非常に興味深いことが起こっています。2013年に李克強《リー・クーチアン》首相と習近平《シー・ジンピン》国家主席が就任した当時、私は中国と仕事をしたこともなければ、中国に行ったこともありませんでした。それが驚いたことに、公表された李首相の公式な経歴のなかで、私の著書『第三次産業革命』*を読み、国家発展改革委員会と国務院とに速やかにその内容——ここでご紹介していることで

*『第三次産業革命』原題は*The Third Industrial Revolution: How Lateral Power is Transforming Energy, the Economy, and the World*（第3次産業革命～水平型パワーがいかにしてエネルギー、経済、そして世界を変革するか）。邦訳は2012年、田沢恭子訳、インターシフト。

す――を履行するように指示した、と書かれていたのです。

中国の動きは実に速やかでした。その後、私は中国指導部をたびたび公式訪問するようになりました。その初めての訪問から11週間後に、国家電力部門の長は、新たな５か年計画に８２０億ドルを投じて中国の送配電網をデジタル化すると表明しました。中国の何百万もの人々は、中国の企業からテクノロジーを購入し、それを使って太陽光と風力による電力を自前でつくり出し、余った電力は新たに誕生する電力インターネットに送り返すことができるのです。これはものすごいスピードで現実化されています。

いまやコミュニケーション・インターネットと再生可能エネルギー・インターネットが一体化して、デジタル化により自動化された輸送／ロジスティクス・インターネットが台頭しつつあるのです。そこでは太陽光と風力エネルギーによって動く電気自動車による輸送とロジスティクスが実現しています。

さて、日本ではどうでしょうか？

## 次の2世代で車の8割はなくなる

第2次産業革命は自動車を製造し販売することで成し遂げられました。トヨタがそうした世界の自動車製造におけるトップ企業の一つであることは言うまでもありません。

問題は、ミレニアル世代が車を所有したがらないことです。

そのことについてはすでにお話ししました。車を所有するのは祖父母世代です。家や職場に2台の車を持っていて、ほとんどの時間は使われていません。

若いミレニアル世代は、カーシェアリングのネットワークを通じてモビリティへアクセスしようとします。つまり、シェアリングエコノミーです。時代遅れのマーケットで調達して車を所有したいとは思いません。マーケットからネットワークへ、所有からアクセスへ、売り手と買い手からプロバイダーとユーザーへ、大量消費から持続可能性へと、ミレニアル世代は移行しているのです。

重要なのは、車が1台シェアされるごとに15台の車が消えることです。

車の所有が一夜にしてなくなるわけではありません。その移行には40年がかかり、自動車メーカーは短中期的にはまだ何億台という車を販売するでしょうが、ヨーロッパでは、2030年から40年の間に内燃エンジン車の販売を法律で禁止するという方針を表明している国々があるのは、知っておくべきです。

いまや中国もその期限を設定しようとしています。

新しい研究によれば、カーシェアリングによって、次の2世代のうちに車の数を8割減らすことができるということです。

現在、世界には10億台の車があって、日々、交通渋滞を招いています。それが気候変動の3番目の要因です。

1番目の要因は建物ですが、ヨーロッパではいま、建物を改築して、より少ないエネルギーでより効率的にする対策を進めています。

気候変動の2番目の要因については語られていませんが、牛肉の生産と消費です。*これは大いなる脅威なのですが、食生活を変えざるをえなくなるのを恐れて誰も話したがりません。

3番目が輸送ですが、次の2世代で車の8割はなくなるでしょう。残りの車は電気

＊牛肉と気候変動
牛肉の生産過程、特に牛のげっぷに含まれるメタンは温室効果の大きな割合を占めている。

自動車や燃料電池車になり、限界費用ゼロの再生可能エネルギーでドライバーがいなくても動きます。

## モビリティ・インターネットの先行者たち

業界の先頭を行く企業についてもう少しお話ししましょう。

E・ONやRWE、ENGIEは、電力産業においてエネルギー移行の先行者です。ここで、輸送／ロジスティクス産業における先行者としてダイムラーとフォードを挙げたいと思います。私はこの2社の経営層とも仕事をしています。どちらの企業も、第2次産業革命を牽引してきました。トヨタもそうですね。

1年半ほど前に、ダイムラーの取締役でトラック部門総責任者のヴォルフガング・ベルンハルト氏に招かれて、私はドイツを訪れました。ダイムラー社はそこで、モビリティ・インターネットの構想を発表しました。

350人のジャーナリストが集められ、私はここでお話ししているのと同趣旨の講演をしました。続いてベルンハルト氏が壇上に上がり、ダイムラー社はひそかに過去数年間、35万台に上るトラックの外装まわりあらゆるところにセンサーを装備していたことを明らかにしました。このトラックがヨーロッパ全土の道路を走り、センサーが交通の流れ、天候、倉庫の空き状況やそれに関わるすべてのロジスティクス・データを収集しているのです。つまりこのトラックは、動くビッグデータ収集センターというわけです。

ここで壇上ではヘリコプターからのライブ映像が流れ、ベルンハルト氏はそこに映っているトラックの運転手に、「ハンドルから手を離し、ペダルから足を離してください」と話しかけます。運転手はその時点から、ソフトウェアのアナリストに役割が変わります。

彼らはダッシュボード上にコンピューターを取り付け、トラックは自律走行で小隊を組んでドイツの高速道路を列車のように進み、運転席のアナリストたちは輸送中の関連するビッグデータを収集します。

ダイムラー社はこうしたビッグデータを分析することで、何千もの企業がサプライチェーンで製品やサービスを動かす際の効率性を上げる支援を可能にしていこうとしています。

同社はこれからも何百万台というトラックを売っていくでしょう。しかし21世紀において引き続き価値を創造するには、輸送／ロジスティクス・インターネットにも参入していかなければなりません。この移行は今後30、40年続くのです。

同じことが以前にも起こっています。1900年当時、第1次産業革命は強大なものになっていましたが、そこに第2次産業革命が起こりました。そこから第2次産業革命が第1次産業革命をついに凌駕するまでには、40年がかかりました。その間、両者は併存していたのです。

賢《スマート》い企業は二つのビジネスモデルを同時に動かしていました。そうでない企業は消えていったのです。

次はフォードについてご紹介しましょう。私は2017年1月にデトロイト・モーターショーの初日に招かれて、フォードの当時のCEOマーク・フィールズ氏と同席しました。フォードはそこで、モビリティ・インターネットを発表したのです。

フォードは都市と連携し、ビッグデータを駆使することですべての複合一貫輸送《インターモーダル》*を
つなげていきます。フォードの車は自転車やバス、路面電車《トラム》、歩行者たちとアプリを

＊インターモーダル輸送　車、飛行機、船舶など異なる輸送手段をまたいで同一の貨物を積み替えて運ぶこと。貨物を収納したコンテナごと積み替える方法が一般的。

通じてつながり、デジタル・ネットワークの一部となって、最終的にはドライバーレスな自律運転車が乗客や荷物を目的地まで運ぶようになるでしょう。こうした乗り物は、限界費用ほぼゼロの再生可能エネルギーで動くのです。

つまり、コミュニケーション・インターネットと、デジタル化されたエネルギー・インターネット、それにデジタル化されたモビリティ・インターネットが一体となることで、ＩｏＴのより完全な形が可能となります。これが最終段階です。

## あらゆる建物がIoTのノードとなる

いまや、社会のあらゆる環境にセンサーが取り付けられようとしています。その最も有望な取り付け先がビルなどの建築物です。

建物はもはや職場や住居というだけではなく、ＩｏＴのためのノードになります。あらゆる建物が分散型のビッグデータ・センターになるので、グーグルやフェイスブックにデータが集中することはなくなるでしょう。

同じく、あらゆる建物は再生可能エネルギーのマイクロ発電所になります。皆さんの車の充電スタンドや燃料電池スタンドになるのです。

あらゆる建物にＩｏＴテクノロジーが導入され、ノードとなります。このノードが日本中で結びついて、一つの大きな神経システムをつくり上げ、コミュニケーションと再生可能エネルギーとモビリティの三つのインターネットにおける活動をマネジメントし、エネルギーを供給し、動かしていくのです。

問題は、ほとんどの都市や地域、国がこのようなストーリーを描けていないことです。世界中でさまざまな試行プロジェクトが立ち上げられていますが、何の成果もあげられていません。統合されたシームレスなインフラに接続していないからです。

例えば、電力とつながっていなかったら、ヘンリー・フォードは安価な車を製造できなかったでしょう。電動工作機械が生まれたことで、フォードは労働者に仕事を与えることができたのです。

電力はそこから地方へと拡張され、新しい郊外の開発や舗装された道路網の整備を可能にしました。その後、石油のパイプラインが敷設され、一方で火力発電の電力供給を可能とし、他方で輸送の動力源を与えたのです。

## IoTインフラをどうやってつくり上げるか

今後40年にわたり、第３次産業革命のインフラを立ち上げるための建設現場には、ほぼすべての産業が関わることになると言ってもいいでしょう。電気通信産業、ＩＣＴ、エレクトロニクス、電力公益事業、輸送／ロジスティクス、先端製造業、建築と不動産、それに農業も、すべてがこのインフラに含まれていなければなりません。

潜在的な生産性を新たにつくり出すのはインフラのシフトであることを思い出してください。あらゆるビジネスはこの新しいインフラにつながることで、サプライチェーンにおける製品やサービスのマネジメントや輸送の生産性を劇的に上げることができるのです。

このことはシリコンバレーもまだわかっていません。プロダクト（商品とサービス）はつくられていますが、それを結びつけるインフラはまだです。

どうやってこの先を進めばいいのでしょうか？

まず問われるのは、「このインフラをつくるお金がどこにあるのか？」です。実はお金はすぐ目の前にあります。ただ見えていないだけなのです。

具体的な例をご紹介しましょう。２０１２年はＥＵにとってひどい景気停滞の年でしたが、それでも７４１０億ＵＳドル相当がインフラに投入されました。

問題は、そのインフラがもはや旧式の第２次産業革命のインフラだったということです。こうしたインフラによる生産性はすでに10年以上前にピークを過ぎているにもかかわらず、いまだに予算をつぎ込んでいるのです。

もし私たちが、壊れては困る古いインフラに半分の予算を使い、残りの半分を新たなデジタル化されたインフラに使えば、第３次産業革命へのパラダイムシフトを40年以内に実現できます。第１次産業革命のインフラも、第２次産業革命のインフラも、私たちは40年かからずに整備してきたのですから。

## スマート・ヨーロッパ

２０１７年2月に、ＥＵは「スマート・ヨーロッパ」を発表しました。

私は欧州委員会副委員長でありスマート・ヨーロッパの経済開発プランおよびＥＵエネルギー同盟の責任者でもあるマロシュ・シェフチョヴィッチ氏と並んで、ＥＵ地域委員会と一緒に進めるスマート・ヨーロッパ経済開発プランを発表しました。

ユンケル基金*（総額６３１０億ユーロ）が利用可能になることで、各地域に根ざした第3次産業革命のロードマップを策定し、その管轄区に新たなデジタル化されたＩｏＴインフラを築くことができるようになります。

これはすでに三つのテスト地域で実施されています。オー＝ド＝フランス地域圏、ロッテルダム＝デン・ハーグ大都市圏、*それにルクセンブルク大公国です。

これら三つのテスト地域はいわば学習実験室として機能し、その後ヨーロッパ中の都市や地域は自分たちでコンセプトを固め、独自のプランで第3次産業革命への移行を実行していくのです。

われわれは中国でも、ほぼ同様のプランである「チャイナ・インターネット・プラス」に取り組んでいます。スマート・ヨーロッパやチャイナ・インターネット・プラスは、気候変動に対処しながら同時に地域経済を再活性化させるための、唯一の道な

**＊ユンケル基金**
欧州戦略投資基金（ＥＦＳＩ）の通称。欧州委員会のユンケル委員長が低迷する欧州経済の活性化のために、２０１４年に打ち出した欧州投資計画（ユンケル・プラン）の一環をなす。インフラやリスクの高いプロジェクトを支援する計画。

**＊ロッテルダム＝デン・ハーグ大都市圏**
オランダのロッテルダムからハーグに至る23の都市を含む大都市圏。

のです。

## 脱炭素経済へ

これからの25年で、世界のほぼ誰もが安価な太陽光や風力といった再生可能エネルギーのテクノロジーを手にし、余ったエネルギーを国や大陸をつなぐエネルギー・インターネットを通じて他の人々とシェアできるようになるでしょう。

同じように、もし誰もが、限界費用がほぼゼロの再生可能エネルギーで動く自動運転の電気自動車や燃料電池自動車のシェアサービスにつながれば、気候変動が手遅れになる前に、脱炭素経済への移行を素早く成し遂げられるかもしれません。

さらには、もしあらゆる製品やサービス――車や家や子供の玩具や、エネルギーなどすべて――を誰もが人とシェアするようになれば、循環経済が生まれ、そこでは必要なものを何度も繰り返し再分配することで、私たちのエコロジカル・フットプリントを劇的に減らし、より環境にやさしい文明をつくり出せるでしょう。

私はこのシフトが実現できると期待していますが、ただ手放しではなく、慎重にとの留保つきです。気候変動については、残された時間はごくわずかです。誰もこの重要な事実に向き合おうとしません。

私は国や地方の政府の人たちに会うとこう訊きます。「気候変動に対処しながら経済を動かし、インフラ整備によって多くの雇用を創出するプランが他にもしあるのなら、前に出て私に教えていただけないでしょうか？」と。いつも沈黙が返ってきます。というのも残された別のプランとは、死にゆきつつある第2次産業革命にとどまることで、気候変動の取り返しがつかなくなり、人間社会が崩壊していくことだからです。

現在、グローバルなビジネスのあらゆる領域で、第3次産業革命への移行の先行者になろうとする企業が現れています。

一方で、過去にしがみついたままの企業や、私が語ったようなストーリーを見いだせていない政府も多くあります。彼らは、自転車専用道路をつくったり家庭にソーラーパネルを設置したりすることで、自分たちはうまくやっているると考えているのです。けれども、それはちょっとした試行にすぎません。ここで私が描いているのはインフラの大変革なのです。

## 希望はミレニアル世代の意識シフト

というわけで私は、希望を持ちつつも慎重になっています。テクノロジーが最終的な答えではないからです。

私はシリコンバレーのユートピア主義者ではありません。テクノロジーに対してはしばしば懐疑的になります。テクノジロジーがあるからというだけでは、それが実現するとは約束されていないのです。

本当に必要なのは、意識の変化です。

この点で私が慎重ながらも期待を持てるのは、ミレニアル世代がいるからです。

現在38歳以下のこの世代には、自由や力《パワー》やアイデンティティといった重要なカテゴリーにおいて、考え方が根本的にシフトしていることが見て取れます。この考え方のシフトこそが、人類の旅路を次の段階へと進めてくれる希望となるのです。

啓蒙時代を経た現代においては、自由を定義するのは簡単でした。自由とは私たち一人ひとりが自己充足し、自己統治し、他者の世話にならず、誰かにノーと言われずに自分の運命を決めることができる能力です。だから私たちは自由を排他的《エクスクルーシブ》だと考えます。自己統治して、自己充足して、独立して、他者に依存しないのです。

けれどミレニアル世代にとっては、私がいま述べたことは死を意味します。携帯電話を取り上げられたら、彼らは生きていけません。ミレニアル世代にとって自由とは排他的ではなく包摂的《インクルーシブ》です。所有することではなくアクセスすることです。消費することではなく持続可能なことです。

ミレニアル世代にとって自由とは、何百万もの若者たちと一つになれることであり、その広大なネットワークに自由に自らの能力を捧げることであり、自分の社会関係資本*を増やしながら同時にネットワークに資することなのです。

ミレニアル世代は、現代の大きな問題にも気づいています。

例えば、グーグルやフェイスブック、テンセント、アマゾンがプラットフォームを独占するかもしれないということです。誰もが自分のデータを自分でコントロールし、平等にアクセスが保障されるためには、ミレニアル世代がかなり頑張らなければならないでしょう。

*社会関係資本
ソーシャル・キャピタル。人々の協調行動を活発にすることによって、社会の効率性を高めることのできる、「信頼」「規範」「ネットワーク」といった社会的仕組み。また、それに資する個人や集団の能力や資源。「社会問題に関わっていく自発的団体の多様さ」「社会全体の人間関係の豊かさ」などが社会関係資本を蓄積させる。

同様に力《パワー》について、年配者はパワーをトップダウンのピラミッド型で、一から多へと及ぼすものと考えますが、インターネットで育った若者たちにとっては、パワーとはトップダウンではなく水平型で、そのパワーのネットワークに自らが関われば関わるほどネットワークに資することになり、同時にそのネットワークに属する個々人にも恩恵があるものです。

これはゼロサムゲームではありません。誰かがうまくやることで、全員が恩恵を受けるのです。

## 地政学から生物圏へ

ミレニアル世代のアイデンティティもシフトしています。

ウェストファリア体制*後の世界で育った年配の人たちは、アイデンティティを地政学から捉えます。誰もが国家の市民であり、国家の市民のそれぞれが主権を持った自律的エージェントで、乏しい資源をめぐって自国の他の市民や他国の市民とゼロサム

*ウェストファリア体制
1648年、30年戦争を終結させたウェストファリア条約によって形成されたヨーロッパの国際体制。広義には宗教権力から独立した主権国家（領域国家）相互の間に形成される近代国際関係。

ゲームで競い合う、というものです。

政府は私たちの代表で、主権と自治権を有し、乏しい資源をめぐって他の政府と、世界の経済市場や戦場で戦います。過去2回の世界大戦が、石炭と石油をめぐって勃発したことをわざわざ挙げるまでもないでしょう。このゼロサムゲームによって、何百万という人々が亡くなりました。

気候変動に対処し、種として一つにまとまり、自らを一つの拡大家族とみなし、仲間である生き物もまたこの家族の一員とみなして、この地球に責任を持つために、こうした地政学的な世界観のままだったら、いったい何ができるでしょうか？

いまや日本でも他の国々でも、若者たちは地政学的意識ではなく生物圏《バイオスフィア》の意識を持っています。

日本の15歳の子供は家に帰って両親にこう尋ねるでしょう。なぜパパは髭剃りのときにたくさんの水を使っているの？　水不足や旱魃が起こっているのに。なぜ何か月も使っていない部屋でテレビの赤い電源ランプが点いてるの？　電気の無駄だからプラグを抜こうよ。なんで家に2台も車を持ってるの？　一つはもう半年も走ってないでしょ？　だったらそれをカーシェアにすればどう？

## 地球規模のウェルビーイング

私のお気に入りは、若者たちが家に帰ってこう尋ねることです。食卓にのっているこの牛肉はどこから来たの？　熱帯雨林から来たんじゃない？　だとしたら、ステーキのための牛を1頭育てるのに、木を全部切り倒してそれを焼いて、表土を15センチもつくらなければならないんでしょ？

子供たちはわかっています。木を切り倒したら、その熱帯雨林にしか棲んでいない希少生物種が絶滅してしまいます。夕食のステーキのための牛を育てるのに木を切り倒して燃やせば、産業活動が吐き出す二酸化炭素を吸収する木々がなくなります。それは地球の気温が上昇することを意味します。そして牛肉の最終消費地から1万キロ以上離れた自作農の人々が、春には激しい洪水に見舞われ、夏には旱魃と山火事を経験することになります。食卓のステーキのためにです。

子供たちはエコロジカル・フットプリントを学んでいます。私たちのすべての行動は、誰か他の人、他の種、他の生態系、そして私たちが住む地球に、密接な影響を与えています。

これはただの頭でっかちな議論ではありません。私たち一人ひとりのウェルビーイング*は、地球上の残りすべてのウェルビーイングに依存しています。これが気候変動から学べる最も賢明な教訓です。私たちは自然と分かちがたく結びつき、この地球の生物圏の一部なのだと、いまや私たちはわかっています。

*ウェルビーイング
身体的、精神的な健康に加え、人間関係や自己実現など社会的にも良好な状態にあること。

## アジアから始まる

人類が自然のなかに調和を見いだすという東洋の思想は、自然は征服され、使われ、利用されるためにあると考えるわれわれ西洋の思想よりもはるかに進んだ考え方です。したがって世界のエコロジカルなビジョンを前に進めていくために、東洋思想がますます脚光を浴びているのです。

同じように興味深いのが、ニールセンが世界の国々を対象に行なったシェアリングエコノミーについての調査です。ヨーロッパとアメリカ大陸の40か国においては、シェアリングエコノミーを望む人々の割合は5割を少し超える程度でした。これがアジア太平洋地域の国々になると、約8割が好ましいと答えたのです。

この開きは、アジアの伝統によるものかもしれません。そこでは人々は自立した個々人というよりも、自分たちが住むより大きなコミュニティと密接につながる一部だとみなされます。そのことでアイデンティティが育まれ、お互いの生活を親密にシェアすることによって、それぞれのアイデンティティが決まっていきます。

こうした感性はアジアの文化的DNAに深く埋め込まれていて、だからこそアジアが、世界をより持続可能でエコロジカルな時代へと、今後、導いてくれるのかもしれません。

## 日本の資産

最後に日本の話をしましょう。

世界の4大パワーは、アメリカ、EU、中国、そして日本です。では、歴史の新しい旅路を始めるにあたって、日本独自の資産と負債とは何でしょうか？

まず、日本が持つ大きな資産のことをお伝えします。

人口1億2700万人のこの国は、第2次産業革命において総効率で世界をリードしました。それこそが生産性への鍵でした。現在、総効率において日本はドイツに次ぐ2位となっています。

スマート・ジャパンを実現する第3次産業革命のインフラを立ち上げるにあたり、日本はあらゆる産業において競争力を持った世界クラスの企業を有しています。たんにいまは、誤ったエネルギーを利用して時代遅れのビジネスモデルをとっているだけなのです。日本には世界クラスのICT企業、通信企業、消費者家電企業があります。世界クラスの輸送／ロジスティクス企業があります。世界クラスの建設企業や、先端製造業があるのです。

いまや日本は、こうした才能とスキルをすべてまとめあげなければなりません。

## 日本がなすべきこと

一つご紹介しましょう。カリフォルニア大学とスタンフォード大学が139の国々で調査をしたところ、太陽光および風力エネルギーのポテンシャルとして日本はトップに位置する国々の一つでした。それなのにこうした再生可能エネルギーのほんの一部しか使われていないのです。

代わりに日本は、記録的な量の石油と液化天然ガスを輸入しています。そのために、貿易黒字国から貿易赤字国に転落したのです。*

現在稼働している原子炉は5基だけです。だから大量の化石燃料を輸入して電力需要に応えているというわけです。同時に、54の原子炉が現在止まっていて、次の10年から30年の間に廃炉になります。*

では、次世代の原子力発電所を日本はつくるつもりなのでしょうか?

そんなことはありえません。それをお伝えするために私は日本に来ました。誰がなんと言おうと、そんなことはありえないのです。

*貿易赤字国に転落
2011年から2015年まで。これは1980年代半ばから続いた黒字からの歴史的赤字転落。2016年は黒字回復したが、それ以前の100億ドル前後の黒字と比べると回復幅は小さい。

*原子炉再稼働
数字はすべて2017年10月の講演時。2018年3月に、関西電力の大飯原発3号機が6基目として、九州電力玄海原発3号機が7基目として再稼働した。さらに玄海4号機、大飯4号機も5月ごろ再稼働の予定。

日本がすべきことは、新たなエネルギーに移行することです。

カリフォルニア大学とスタンフォード大学の先の調査によれば、2050年までに、日本のエネルギーの86パーセントを太陽光でつくり出すことができます。残りのうち9パーセントを海上と陸上の風力、4パーセントを水素、1パーセントを地熱と波力でつくることになります。

その過程で、合計で190万の雇用を創出できるでしょう。しかも明日の朝からでもとりかかることができるのです。

ドイツやEU、中国ではすでに、その移行が始まっています。日本もそこに加わるべきです。そうでなければ後れをとり、次の数十年の間に世界の二流国へと後退していくでしょう。

## レガシーを残そう

日本でも移行がなされることを私は確信しています。だからこそもう一点お伝えしましょう。

日本では、家の14パーセントが現在空き家になっています。日本政府は、2030年までに人口減少によって家の3割は空き家になると述べています。これは資産です。なぜでしょうか？

この空き家を公園用地にするのもいいだろうと日本政府は述べています。私が一緒に働いている国々がどこもとっている基本方針の一つが、広大な土地の一部を再び野生化することで、生物圏をつくり直す取り組みです。

すべての国々は地球という共有地《コモンズ》＊を統治しているのであって、その一部を自国の領土とするうえでは、地球の表面を空から海まで約19キロメートルにわたって覆う生物圏に責任を持たなければなりません。

日本の小都市やコミュニティで建物の3割が現在使用されていないのであれば、そこに太陽熱コレクターや風力タービンを設置できます。あるいは地熱を取り出すことができます。

来るべき世紀に日本社会が必要とするエネルギーはすべて、あなたがたの目の前に、クリーンでグリーンな再生可能エネルギーとしてすでに潤沢にあるのです。

＊コモンズ
多数者が利用できる共有地、あるいは共有資源。もともとは「誰の所有にも属さない放牧地」や、日本の入会地のようなものなどを指した。

私はいま72歳で、これまでに何が実現し、何が実現しなかったかを見てきました。本日ここにおられる皆さんやその子供世代が変革を見届けることになるのかどうかはわかりません。しかし、必ずや実現されることでしょう。私たちは第1次・第2次産業革命のインフラを40年で整備できたのですから、第3次産業革命についても、同じだけの時間で必ずやできるはずです。

いま、必要なのは、この第3次産業革命のストーリーを語ることです。残念ながら政治家は、これまでやってきたような小さな試行プロジェクトの長いリストをつくることで安心してしまいがちです。

しかし、それらを包括する第3次産業革命のストーリーとビジョンを理解し、巨大なデジタルインフラを立ち上げて経済を脱炭素時代へと自らすすんで変革していかないかぎり、気候変動の危機に対処することも、経済を再び活性化することもできないでしょう。

EUがスマート・ヨーロッパで経済開発プランを展開し、中国がチャイナ・インターネット・プラスで同じように経済開発プランを展開することで、このストーリーとインフラ整備は一足飛びに前進しています。

日本はもう一つのビッグ・プレイヤーとして、この仲間に加わるべきです。地球を預かるグローバルな管財人の一人として、新しい時代をリードしていくのです。

# 第3章

## 対談：此本臣吾

# 限界費用ゼロで
# ビジネスはどう変わるか？

JEREMY RIFKIN
SHINGO KONOMOTO

此本 臣吾（このもと・しんご）
野村総合研究所 代表取締役社長。1985年東京大学大学院工学系研究科修了、同年株式会社野村総合研究所入社。1995年台北支店長、2000年産業コンサルティング部長、2004年執行役員、2010年常務執行役員、2015年専務執行役員、2016年から現職。2018年4月刊行の『デジタル資本主義』（東洋経済新報社）を監修。

情報、エネルギー、輸送／ロジスティクス分野をはじめ、ビジネス環境が激変していく第3次産業革命に、企業や経営者はどう立ち向かえばいいのか？「デジタルが拓く近未来」をテーマに開催された「NRI未来創発フォーラム2017」で、1000人を超える経営者、ビジネスパーソンをオーディエンスに迎えて行なわれた対談では、これからのロードマップが語られた。

## 日本は第3次産業革命に有利なポジションにある

**此本**　リフキンさんがおっしゃる第3次産業革命というのは、日本では第4次とか第5次という呼ばれ方もしています。おそらくこれを読まれている方々も、「第3次」というのがどういう意味なのかと思われているでしょうが、第2章を読まれてそれがはっきりおわかりになったと思います。

　第2章でリフキンさんは、気候変動や再生可能エネルギーについて詳しく取り上げられ、これらは待ったなしで対応しなければならない最優先のテーマであるとおっしゃいました。そして、この最終的な目標を達成するには、限界費用ゼロによって生まれるシェアリングエコノミーが、非常に重要なテーマになるということでした。

この再生可能エネルギーや気候変動の問題は、一見、シェアリングエコノミーとは少し距離があるように思えますが、前者の問題解決には後者が必要不可欠であり、つまり、実はこの二つは表裏一体の関係にある。そして、この二つを両立させる社会を、われわれは目指していかなくてはなりません。

その意味で、今度の産業革命はいままでとまったく違うものなのだと、私は理解しています。

リフキンさんは、日本はこの第3次産業革命を実現するに当って非常に有利なポジションにあるともおっしゃっています。

高度なテクノロジーを保有し、自動車産業なども発展しており、道路網や通信網などいろいろなインフラも整備されています。その意味ではポテンシャルが高い。シェアリングエコノミーに対する国民の意識も非常に高まってきている。

われわれが意識を変えることで、第3次産業革命の先頭を走っていく可能性がある国なのだという励ましをいただいた気がします。

**リフキン**　私の論旨をうまくまとめてくださいました。同じ考えを持っている人たちが世界中にいます。

## 世界はレジリエンスの時代へ

**リフキン**　ここで、一つ重要なことをお話しさせてください。

ヨーロッパ、そして現在は中国でも、レジリエンスの問題、とりわけ気候変動に対してどう対処し、立ち直っていくかに関心が集まっています。

私たちは制御できない激しい気候変動のためにまったく予測のつかない世界に突入していて――アメリカは、先ごろ三つのハリケーンに襲われました――深刻さはどんどん増すばかりです。いわばレジリエンスの時代、地球環境が大きな危機に見舞われているなかで、人類の英知で回復力を発揮しなくてはならない時代へと移行しているいま、この第3次産業革命の分散型システムは、気候変動へのレジリエンスを高めるという点でも不可欠なのです。

福島で原子力発電所が停止したときのことを例にとりましょう。

原発は中央集中型です。中央集中型の電力だと、気候変動やサイバー犯罪、サイバーテロといった災害時に、電力供給がすべてストップしてしまいます。ですから、ヨーロッパや中国、そしてここ日本でも、分散型のエネルギー・インターネットへと移行しなければならないのです。

あらゆる人が自前で太陽光や風力や地熱やバイオマス*を使った電力を生み出していれば、例えば先日プエルトリコで起こったような災害*があって、電力系統がズタズタになっても、オフグリッドで電力を賄えます。すべての人が生産側になることで、多様性によるレジリエンスが生まれるのです。

サイバー攻撃に対しても同じです。

サイバー攻撃によってヨーロッパの電力網がダウンしても――それは起こりうることです――あらゆる人が自前で太陽光、風力、地熱による電力を生み出していて、分散型の電力網を使っていれば、オフグリッドで電力を自給できます。近隣の人たちとエネルギーをシェアし、再集約することもできます。中央集中型から脱却できるのです。

**＊バイオマス・エネルギー**
太陽エネルギーを蓄えた生物起源の物質で、原料は廃棄物系と植物系に分かれる。前者は家畜の糞尿やわら、間伐材、生ごみ、産業廃棄物、建築廃材など、後者はサトウキビやトウモロコシなどのバイオエタノール原料、藻類など多岐にわたる。石油、石炭、天然ガスに次いで世界で4番目のエネルギー資源となっている。

**＊プエルトリコの災害**
２０１７年９月にハリケーン「マリア」がカリブ海を直撃し、人口３５０万人の米自治領プエルトリコ全土が停電するなど甚大な被害をもたらした。

気候変動やサイバー犯罪、サイバーテロがますます増えるほど、コミュニケーション、エネルギー、モビリティのシステムをよりレジリエントなものにすることで、社会をマネジメントして動かさなければならなくなります。

このデジタル化された第3次産業革命は分散型なので、一部が災害に遭ったり、サイバー犯罪やサイバーテロの攻撃を受けたりしても、すぐに立て直すことができます。これが非常に重要なのです。

日本はその先行者になれると私は考えています。福島の事故がそれを気づかせてくれたはずです。

## 国の将来像を誰が描くか

**此本**　この問題に関しては国のリーダーシップというのが非常に重要ですし、国民的なコンセンサスをどうつくっていくかも、すごく重要だと思うんですね。

中国は、皆さんご承知のような政治体制ですから、国民的なコンセンサスを得るための努力というのはそんなに必要ではないかもしれない。一方で、日本や欧米諸国においては、それなりに国民の合意をきちんととる必要がある。

確かに福島の問題というのは、日本の私たちにとってエネルギー問題、特に原子力という問題に対して、いままで気づかなかったような大きな問題を投げかけました。ただ、エネルギーという一つの問題だけではなくて地球全体のことを考えたときに、デジタル化がもたらしてくれる恩恵と結びつけて、日本の国の将来像をどのように考えていくのかという方向性を、もっとはっきりと国民にわかる形で提示しないといけないだろうと思います。

野村総合研究所が行なった世論調査によると、シェアリングエコノミーのエコシステム*に対して前向きな考えを持つのは必ずしもミレニアル世代だけでなく、40代、50代でも非常に高い意識を持っているという結果が出てきます。土壌はあるはずなので、いましっかりとビジョンを打ち出せば、国民に受け入れられる可能性は充分あると思います。

そういう意味で、ある程度、国のリーダーシップは必要だと思います。

ただ、新しい経済のパラダイムに移行するプロセスのなかで、オールドエコノミー

*エコシステム
原義は生態系だが、生物学・生態学や環境問題から離れ、ビジネスや経済の世界で比喩的にも用いられる。後者の文脈では、経済的な相互依存関係やネットワーク構造などを意味する。

の側、つまりレガシー産業のなかの人たちというのは必ず抵抗します。それは、どのようなイノベーションの場合にも起こってくるわけで、いかに納得性のある説明をしていくか、国だけではなく経済界を含めて全体で議論していかなければいけないと思います。

**リフキン**　まったく同感です。私たちは17年間、欧州委員会でこれに取り組んできました。ですから、私たちが直面してきた課題についてお話ししましょう。

## 国が語り、地域が実装する

**リフキン**　私たちも、国がリードしなければならないと、もともとは考えていました。しかし、第3次産業革命のインフラはこれまでとは違った基本設計《アーキテクチャ》に基づくものなので、政府からのアプローチもまた、これまでとは違うものでなければならないと気がついたのです。

第1次・第2次産業革命におけるインフラのアーキテクチャは、電気通信、化石燃料、原子力発電、内燃エンジンによる輸送のために設計され、中央集中型で、トップダウンで、独占非公開《プロプライエタリ》で、閉鎖的《クローズド》で、垂直統合されたものでした。そのアーキテクチャから利益が生まれていたのです。

第3次産業革命のインフラであるデジタル化されたコミュニケーション・インターネット、デジタル化されたエネルギー・インターネット、デジタル化されたモビリティ・インターネットの三つのインターネットは、ＩｏＴプラットフォーム上で動く、これまでとまったく異なるシステムです。

そのアーキテクチャは中央集中型ではなく分散型で、したがってプロプライエタリでクローズドであるよりも、オープンで透明性が確保されている状態で最もうまく機能します。市場において垂直統合されるのではなく、ネットワークにおいて水平型に展開されていくのです。

では、このアーキテクチャをどのように生かせばいいのでしょうか？

グローバルなインターネット企業や政府がこれを独占しようとすればするほど、効率性と生産性は失われます。

私たちがヨーロッパで見いだした最良の導入方法は、この第３次産業革命のストーリーを語ることのできる国家レベルやＥＵレベルの強い政治的リーダーを持つことです。そしてそのあとで、各都市や地域がこのインフラを実際に敷設して、各々のニーズや目的に合わせてカスタマイズしていくのです。

## 地域から始めるデジタル化の社会実験

**リフキン**　ヨーロッパで２０１７年２月に導入された「スマート・ヨーロッパ」計画では、地域ごとに第３次産業革命の独自のロードマップと展開プランをつくり上げるとされています。

これはすでに三つのテスト地域で実施されています。オー＝ド＝フランス地域圏、ロッテルダム＝デン・ハーグ大都市圏（オランダ）、それにルクセンブルク大公国です。

政府がまず主導者となって、地域ごとのインフラの相互運用性を保障する条例や規約、基準をつくります。そして各地域が、地元の企業や大学や市民社会と一緒に、その取り組みを実現するのです。

**此本**　野村総合研究所も地域創生について、地方の自治体と一緒にいろいろな取り組みを行なっています。

例えば、北海道の十勝で、「とかち・イノベーション・プログラム」を２０１５年から開催しています。地域の金融機関、自治体、シンクタンク、メディアなどに参加いただき、十勝が「稼ぐ」ことができる事業の創発を支援しています。

こうした取り組みの中で明らかになったのは、大都市よりは地方のほうが未稼働資産が多いという問題を抱えていることです。

例えば地方の老朽化したインフラを、少ない人手でこれから維持管理していこうと思うと、ＩｏＴを活用して自動的に老朽度合いをモニタリングするような仕組みを導入する必要があります。

つまり、都市部よりもむしろ地方のほうが、デジタル化の恩恵をより大きく受ける可能性があるので、いくつかの自治体とデジタル化の社会実験を行なう取り組みを進めています。

そういう意味で、リフキンさんがおっしゃったように、地方でモデルケースをつくるということは、日本の場合はアプローチしやすく、効果が非常に見えやすいという意味では、有効な手段だと私も思います。

**リフキン**　同感です。そうしなければならないと考えています。

## 省エネによるコスト削減

**リフキン**　そうすると問題は、各地域は資金をどう調達するかです。ヨーロッパでは、地方と国の経済を、今後30年かけて新しいスマートな第３次産業革命のインフラに移行するために、特例公債を発行しました。

そうした公債を、エネルギーサービス事業であるＥＳＣＯ*が購入します。ＥＳＣＯを構成するのは、地方や全国規模の建設会社や不動産会社に加え、情報通信技術（Ｉ

＊ＥＳＣＯ
Energy Service Companyの略。顧客の光熱水費等のコスト削減のための初期投資から設備運用、保守管理までをコストを負担して行ない、それにより実現したコスト削減実績から一定額を報酬として受け取り、５年程度以上の長期間をかけて投資を回収、利益を確保する事業形態。

CT)、電力公益、テレコム、先端ファブリケーション・製造企業などの各業界の企業です。

ESCOが何をやるかといえば、建物を改修していきます。そうすることで、各建物をIoTプラットフォームのノードにしていくのです。

まず、エネルギーが漏れないように気密性を高めることで、エネルギー効率の高い建物にしていきます。これは非常に労働集約的で、大量の雇用が必要です。壁に断熱材を入れたり、窓やドアを取り替えたりすることは、ロボットにはできません。ドイツではすでに何百万戸もの建物が改修されました。

日本でも、商業用・工業用・居住用ビルの大規模な改修に取り組む必要があります。地域全体が一つのプランを持てば、そのプランを段階的に実行して、住宅地区全体を改修することができます。商業地区の場合は、パフォーマンス契約*に基づいた省エネによるコスト削減分によって、債務を返済することができます。

つまり、建物の所有者は何のリスクも負いません。所有者も借り主も最終的に改修費用をいっさい払うことなく、エネルギーコストを引き下げ、効率のよい建物になるのです。

＊パフォーマンス契約　省エネルギー効果の保証を含む契約形態。すなわち事業者側は結果責任を負う。

## 再生可能エネルギーとＩｏＴによるコスト削減

**リフキン**　さらにＥＳＣＯは次の段階に進みます。太陽光などの再生可能エネルギーを導入するために債券を発行するのです。

ここでもパフォーマンス契約に基づき、生み出されるエネルギーによって債券は償還されます。所有者は何の負担もせずに、パフォーマンス契約終了後には自前の地産発電した電力を所有することになります。

そこでＥＳＣＯは次に、スマートメーターやセンサーといったデジタル技術を導入してＩｏＴプラットフォームをつくり、電気自動車のための充電ステーションを設置します。ここでも、省エネによるコスト削減と新たなエネルギーによってＥＳＣＯの事業資金は返済され、返済終了後は、建物の所有者と使用者・居住者はＩｏＴにつながるテクノロジーの恩恵にあずかることができます。

建物の所有者と居住者には何のリスクもありません。改修期間に不便を感じるだけです。

ESCOにも損失はありません。省エネによるコスト削減と生み出されるエネルギーに基づいて、融資の返済期間を事前に検討することができるからです。

住居用・商業用・工業用ビルを改修して、分散型のビッグデータ・センターやマイクロ発電所、電気自動車のための充電ステーションとして役立つノードにするというこの計画は、われわれが手がける「スマート・ヨーロッパ」経済開発プランや、中国と協働して進めている同様の経済プランである「チャイナ・インターネット・プラス」における、最重要項目となっています。

## ロードマップの重要性

**此本**　これからの社会は、今日明日すぐに何かが大きく変わるわけではないけれども、10年後、20年後、あるいは30年後になると、いまとはかなり違った形になっていると思います。

産業自体もいまの産業区分とはまったく違ったものになっている可能性がありますし、企業の形態もいまとはだいぶ違ったものになっているでしょう。

ですから、リフキンさんもおっしゃっているように、それぞれの企業経営者は、ロードマップをつくっていかなければならないと思います。企業のなかには、新しいビジネスモデルや新しいイノベーションを担当する人たちもいるでしょうし、いまのレガシーとなったビジネスを維持しながら徐々に変えていくことを担当する社員の方もいるでしょう。

そういう意味では、自分たちの会社がロードマップに沿ってどのように変わっていこうとしているのかを社員にはっきり示さないと、いろいろな不安や問題が出てくると思います。だから企業経営者というのは、これからどのように自分の会社が変わっていくのかというビジョンやロードマップを考えることが重要であると思っています。

**リフキン** 問題はそこなのです。新たなスマートIoTインフラを事業の前提として反映するには、ビジネスモデルをどう変化させればよいのかについて、私はフォーチュン・グローバル500*のCEOたちとたびたび話し合いをしています。

**＊フォーチュン・グローバル500**
米ビジネス誌『フォーチュン』が毎年発表する、世界の総収益ランキングでトップ500に入る企業。

コミュニケーション・インターネット、エネルギー・インターネット、モビリティ・インターネットの新しいインフラも、IoTプラットフォームも、分散型です。ですから、やはり分散型で、オープンで、透明で、ウェブとネットワークを通して水平方向に拡大していくビジネスモデルが必要とされます。

つまり、サプライチェーンとバリューチェーンにおいて製品やサービスを生産し分配するには、水平展開できなければならないのです。

このため、第2次産業革命から第3次産業革命への移行期間には、共存する二つのビジネスモデル——第2次産業革命のレガシーである中央集中型モデルと、第3次産業革命のための新しい分散型モデル——が必要になります。

ヒエラルキーからネットワークへ、所有からアクセスへ、売り手と買い手からプロバイダーとユーザーへ、あるいは企業オーナーと労働者からプロシューマーへと、移行しなければなりません。

新しいビジネスモデルでは、社会関係資本は市場資本と同じように重要となり、持続可能性は大量消費主義に取って代わります。産業別セクターから「コンピテンシー」へ、部門からチームへ、そして線形のプロセスから循環型プロセスへと移行しなければなりません。再生力が生産力と同じぐらい重要になるのです。

## ブロックチェーンによる協働

**リフキン**　つまり、企業はもはや従来の一つの産業だけに属するわけではないということを肝に銘じておかなければならないでしょう。自動車産業も、ＩＣＴ産業も、建設業も、もはやセクターではありません。コンピテンシー（フレキシブルでオープンな能力単位）なのです。

つまりこういうことです。自分のオフィスや店から外に出て、他のコンピテンシーとの協働型のネットワークやチームをつくり、ブロックチェーンを構築してつながり、複雑なネットワークをマネジメントしていかなくてはならないのです。それこそが、スマートな第３次産業革命のパラダイムの中核です。

再生可能エネルギー・インターネットを例にとりましょう。

電力会社は、エネルギー・インターネットの中心にいることはできますが、電気通信企業やＩＣＴ企業と協働して、デジタル化されたエネルギー供給網を構築してマネジメントしなければなりません。

さらには、輸送／ロジスティクス企業とも提携していかなければならないでしょう。輸送産業は化石燃料と原子力発電から脱却して、エネルギー・インターネットを流れる再生可能エネルギーを動力源とする電気自動車と燃料電池車に移行しているからです。

ブロックチェーンのおかげで、電力会社は電気通信会社、ＩＣＴ会社、輸送会社、不動産会社とブロックチェーンを介して連携し、商業的な責任をネットワークでシェアしてリスク分散する「証券化」のプラットフォームを保証するのです。

## セクターからコンピテンシーへ

**リフキン**　広範な分野にわたるコンピテンシーが一体化し、協働してこうしたネットワークをマネジメントすることになります。

エネルギー・インターネットとモビリティ・インターネット、コミュニケーション・インターネットの三つをマネジメントするには、自らの領域から越境して、ICT、電気通信、電力、エレクトロニクス、輸送、建築などのコンピテンシーとブロックチェーンによって協働していかなければならないのです。

つまりこれは、セクターからコンピテンシーへ、ヒエラルキーからネットワークへの大転換なのです。

**此本**　これからデジタル化が進んでいくと、垂直統合型のビジネスモデルがどんどんとアンバンドルされていきます。すると、プラットフォームを提供する人たちが登場して、そのプラットフォーム上でさまざまなサービスを提供する人たちが活躍していくことになります。

例えば建設機械メーカーは自分たちの製品をインテリジェント化することで、それを使ってくれる施工業者の施工データを全部蓄積し、それをIoTで自動的にビッグデータとして収集していく。そうなると、いまの建設機械メーカーというのは、モノをつくって売るのではなく、施工データを大量に蓄積して、そのデータを使ったサービスをする会社に変わっていくかもしれません。

ですから、既存の産業がなくなってしまうというよりは、進化をしていくと考えたほうがよいと思います。

## レガシー部門をどうするか

**此本**　その場合に、同じ会社のなかで、古い業態だけれども利益をあげているという部署をどのように考えていくかという問題が残ります。

先ほどのロードマップの話に戻るのですが、例えば、いま100人で機械をつくっている部署があったとします。シェアリングエコノミーの時代になれば、インテリジェント化された少数の機械がサービスとして共同利用されることになります。

すると100人で機械をつくっていたのが、10人で充分になるかもしれない。残りの90人は、インテリジェント・マシンが集めたデータを使ったサービスで収入を得る新しいビジネスが、その会社のなかで生まれるはずなので、そちらで活躍していくことになります。

ある日突然そうなるわけではありませんが、何年かかけてビジネスモデルを変えていき、それに対応して社員たちもこう変わっていくという方向性を経営者がはっきり示せば、社員たちも混乱することなく過ごせるのではないかと思います。

確かリフキンさんは、その移行に30年かかるとおっしゃっていましたね？

**リフキン**　そうです。きっと、もっと早く実現できるでしょう。

アメリカでは、内燃エンジン自動車の大量生産、道路網、石油パイプライン、発電、電話線、新たな郊外の開発といった第２次産業革命のインフラを、１９０５年から１９２９年の間につくることができました。そのインフラは、第２次世界大戦後に成熟期を迎えました。

つまり、第３次産業革命の構築は、同じか、もっと少ない期間で完成できるのです。そこで、このときに雇用がどうなるかについて簡単にお話ししたいと思います。

## 大量雇用時代が押し寄せる

**リフキン**　覚えている方もいらっしゃるかもしれませんが、私は1995年に書いた『大失業時代』*という本のなかで、私たちは自動化《オートメーション》の世界に移行していると述べました。予言者でなくても、そうなることはわかりきっていました。

けれども、いまのオートメーションをめぐる議論では、希望の兆しがあることが見過ごされています。それは、最後にもう一度、大量雇用時代が押し寄せて、2世代にわたってそれが続くことです。何百万人もの半熟練職、熟練職、専門職の労働者が、この自動化されたスマートインフラを敷設するために必要となるのです。ロボットにはそれはできません。AIにもできません。

もちろん、ひとたびスマートインフラが構築されれば、アルゴリズムで働き、自動化されて、そこに従事する人の数はとても少なくなるでしょう。けれどもまずインフラを整備するためには、ロボットで日本の建物を改修することはできません。人間の力で2世代にわたって、断熱材を入れ、ドアと窓を取りつけなければなりません。

*『大失業時代』
原題は*The End of Work: The Decline of the Global Labor Force and the Dawn of the Post-Market Era*（労働の終焉～地球規模での労働力の減退とポスト市場時代の夜明け）。邦訳は1996年、松浦雅之訳、阪急コミュニケーションズ。

ロボットとＡＩは、屋根にソーラーパネルを取りつけることも、風力タービンを設置することもできません。ロボットは５Ｇブロードバンド用の地下ケーブルを敷設してくれません。人間がするのです。ロボットとＡＩが、電気自動車と燃料電池車のための何千もの充電ステーションと燃料電池ステーション（水素ステーション）を設置することはないのです。

重要なのは、第３次産業革命のインフラを構築するために、今後40年間にわたって大量の賃金労働が急増することであり、これが最後の産業革命だということです。

そして、いったんＩｏＴインフラが構築され、アルゴリズムによる制御のおかげで少数の専門家だけで運用されるようになると、そのことによって失われる職はいったいどこに行くのか、ということが次の問題になるのです。

## これからの雇用が生まれる場所

**リフキン**　失業問題に関しては新たな本がいくつも出版されています。そうした本では、大量雇用の機会はもうないだろうし、それゆえ政府は保証所得*制を実施して、例えばロボット税*による歳入を、失業者に再分配すべきだと主張しています。

20年以上前にミルトン・フリードマン*と私は、保証所得のアイデアを紹介しましたが、私はそれを、労働に代わるものではなく、新たな職種の有給雇用に従事するための補助金として考えていました。

ではその雇用はどこで創出されるのでしょうか？

すでにソーシャルエコノミー、*シェアリングエコノミーといった、所有を前提としない経済において出現しています。こうしたセクターが必要としているのは機械だけでなく、人間だからです。機械は人間の労働の代わりにはなりません。人間がより創造的で複雑な仕事をする補助の役目を務めるだけです。

保育所で、2歳児に人間らしい振る舞いを教えているロボットをごらんになったことはないでしょう。ロボットは子供に昼食を運ぶでしょうが、子供たちに成熟した人間になるための準備をさせるのは、大人の保育士たちです。

教育、医療、環境、文化産業、非営利セクター、ソーシャルエコノミー、シェアリングエコノミーにおいて、労働者はサービスを提供することで賃金を支払われるよう

**＊保証所得**
社会の全世帯に対し、所得水準の高さとは無関係に世帯構成人員に応じて一定額の現金給付をする所得保障政策の一形態。最近、議論されているユニバーサル・ベーシック・インカムなど。

**＊ロボット税**
ロボットとAIが業績にどの程度貢献しているかに応じて課税するという考え。ビル・ゲイツなどが支持している。

**＊ミルトン・フリードマン**
1912～2006年。シカゴ大学の経済学者。徹底的なリバタリアンとして新自由主義を提唱し、20世紀後半で最も世界に影響力を与えた経済学者の一人。1976年にノーベル経済学賞を受賞。

になります。

## 社会関係資本をつくり出すスキル

**リフキン**　ご存じのように、これはすでに大規模に起こっています。いまや何十もの国々において、雇用が最も急増しているセクターは非営利セクターで、そこでは給料の半分以上がサービスに対する報酬から支払われています。非営利といっても、政府の補助や慈善事業の寄付から支払われる割合は、ずっと小さなものです。

　カリフォルニアでは非営利の雇用が賃金労働者のすでに15パーセントを占め、アメリカ全体では、非営利セクターが雇用の10パーセント以上を占めています。ヨーロッパには、非営利のソーシャルエコノミーが雇用の15パーセントほどを占めている国もあります。

　つまり、市場経済のオートメーションによって解放された人間は、より創造的で拡張的な仕事に従事して、市場における貨幣資本だけでなく人々の社会関係資本を積み

＊ソーシャルエコノミー
一般的に公的部門と営利企業との中間的な性格を持つ組織で、社会的な目的を有しながら非営利の経済活動を営む活動体。日本では非営利セクター、市民セクター、第3セクターなどとも呼ばれる。

上げていくようになります。骨の折れる労働から解放され、創造的な協働型社会へと変わるのです。

そこで、これからの教育システムは新たな世代に次の2種類の働き方について、準備をさせなければなりません。

一つは、第3次産業革命のためのＩｏＴインフラを構築するスキルを学び、能力を向上させること。

二つ目は、学生が非営利のシェアリングエコノミーにおいて社会関係資本をつくり出すのに必要なスキルを身につけさせることです。

## ミレニアル世代がつくる新しい経済

**リフキン**　非営利セクターとシェアリングエコノミーは、次世代において指数関数的に成長するでしょう。問題は、そのことが、いまや資本主義ネットワークへと移行しつつある資本主義市場とどのような関係になるのかです。

資本主義は、非営利セクターとシェアリングエコノミーを吸収しようとするでしょうか？

それとも二つのセクターが共存していくのでしょうか？

シェアリングエコノミーが成熟するにつれて、ミレニアル世代はそれを民主化して、グーグルやフェイスブックやウーバーといった巨大な垂直統合型組織にこのプラットフォームが牛耳られないようにと、ますます関心を持つのではないでしょうか。

今後はミレニアル世代がますます政治的に動いて、こうしたプラットフォームを公益事業のように規制して、誰もがアクセスでき、プライバシーが守られ、ユーザーが自分のデータをコントロールできるものにしていくでしょう。

これは世界中で出現し始めたばかりの、新たな政治的ムーブメントなのです。

**此本**　日本という国の特徴として、新しい変化に対して直線的に立ち上がることが不得意な国民性があると思います。

逆に、ある一定の閾値《いきち》を超えると、イノベーションが急加速されるという特徴もあります。やはり初めに温めなければいけない時間が非常に長いので、これから先の３

年、5年を見ると、さほど大きな変化はないかもしれません。

しかし、日本はある一定の閾値を超えるとものすごい勢いで変わっていく。そういう意味で、われわれビジネスに携わっている者も経営者も、3年や5年は耐えなくてはいけないと思います。今日明日すぐに成果が出るわけではありません。

しかし、世の中は確実にデジタル化の方向に向かうので、ある一定の線を超えるところまでは忍耐が必要です。それをしっかりやりきることが大切であると思っています。

column

# いまの産業革命は第3次なのか、第4次なのか？

BSジャパン『日経プラス10』でのインタビューより

インタビュアー：
小谷真生子（こたに・まおこ）
BSジャパン『日経プラス10』メインキャスター。90年に日本航空退社後、NHK総合「モーニングワイド」「おはよう日本」、NHK-BS「ワールド・リポート」などのメインキャスターを務める。94年テレビ朝日「ニュースステーション」に参加。98年からテレビ東京「ワールドビジネスサテライト」メインキャスター。BSジャパンで企業トップのインタビュー番組「小谷真生子のKANDAN」にも出演。

**小谷**　リフキンさんが第3次産業革命と言うのを聞くと、私は2016年の世界経済フォーラム（ダボス会議）のことを思い出します。その会議の議題は「第4次産業革命」でした。

「フィナンシャル・タイムズ」紙のチーフエコノミスト、マーティン・ウルフ氏にこのことを話して、いまは第３次産業革命なのか、第４次産業革命なのかと尋ねたところ、氏は、「第４次産業革命などありません、私たちは第３次産業革命にいて、それは社会全体にわたるデジタル革命なのです」と答えました。

**リフキン**　世界経済フォーラム創設者のクラウス・シュワブ氏は、ダボスでの年次総会に人を呼ぶための誇大宣伝として、第４次産業革命というコンセプトを用いました。これには思わず笑ってしまいます。

そのうえ、ドイツのいくつかの会社は、先端ファブリケーションの生産プロセスを「インダストリー４・０」と呼んで、ブランド戦略にしようとしました。このブランド戦略が、シュワブ氏の想像力のなかで第４の産業革命へと形を変えていったのです。第４次産業革命などありません。

**小谷**　ドイツのインダストリー４・０についてはどのようにお考えでしょうか？

**リフキン** シュワブ氏はわかっていないようですが、新たな産業革命はデジタル革命であり、社会のあらゆる面でデジタルによる相互接続が起こっていくことです。すべてはデジタルなのです。

われわれが仕事を一緒にしている世界中のグローバル会社は、新たな産業革命は第3次産業革命であり、その中核は、経済生活をマネジメントし、エネルギーを供給し、ロジスティクスを動かすための完全にシームレスなデジタルインフラを構築することだとわかっています。

ですから私は、世界経済フォーラムがこの第4次産業革命を提唱したときに、「ハフィントン・ポスト」の論説に、ダボス会議の議題は年次総会への参加を促すための誇大宣伝にすぎないと書きました。

すると、シュワブ氏がメールで連絡してきました。そこには、「過去数年間、私の考えはリフキン氏の著作を読むことによって多大な影響を受けてきました」と書かれていました。

その年の世界経済フォーラムでシュワブ氏は、「デジタル革命である第3次産業革命はとても速く動いていて、まったく別々の取り組みを新たな方法で結びつけ、しかもそのペースが指数関数的に上がっているので、それを第4次産業革命と呼ばざるをえません」と述べました。

まったくバカげています。

例えば、第1次産業革命は指数関数的なペースで進行し、科学・技術・商業・社会・統治のそれぞれの分野で、新たな形態やモデルを無数に生み出しました。想像してみてください。1万年も続いてきた農耕革命後の世界を、わずか50年足らずの期間で産業革命によって変革しているのです。

そのときも指数曲線に沿って進行しました。そして、全人類が分散型のグローバル・ブレインと神経システムにおいて結びつくこのデジタル時代も、同様の曲線が描かれています。

しかし、デジタル革命がとても速く動いていて、次々と新たな接続を生み出しシステムをつくり出しているからといって、それを「第4次産業革命」と呼ばなければならないことにはなりません。

シュワブ氏は、経済革命の何たるかをそもそも理解していないのです。

歴史上の大きな経済のパラダイムシフトには、共通点があります。それは、三つの決定的なテクノロジーが同時期に出現し、掛け合わされることで、新たなインフラが構築されることです。

そのテクノロジーとは第1に、経済・社会生活をより効率的にマネジメントするための新たなコミュニケーション・テクノロジー。第2に、より効率的に動力を供給するための新たなエネルギー源。第3に、より効率的な輸送／ロジスティクスを実現する新たなモビリティ形態です。

つまり、コミュニケーション革命が新たなエネルギー体制と新たなモビリティ／ロジスティクス形態と連携することで、私たちの時間と空間に対する概念や環境、科学的・技術的イノベーション、ビジネスモデル、統治モデル、そして意識そのものをさえも、根本的に変えてしまうのです。

例えば19世紀には、蒸気を動力とする印刷と電信、豊富な石炭、国の鉄道網を走る蒸気機関車が、シームレスな汎用テクノロジーのプラットフォームを編み上げ、経済活動をマネジメントして、第1次産業革命を起こしました。

20世紀には、中央集中型の電力、電話、ラジオとテレビ、安価な石油、国の道路網を走る内燃エンジン自動車が一体となって、第2次産業革命のインフラを構築しました。

こんにち、私たちはデジタル化された第3次産業革命インフラの先端にいます。高速の5Gデジタル・コミュニケーション・インターネットが、デジタル化された再生可能エネルギー・インターネットと、デジタル化されドライバーレスになっていく輸送／ロジスティクス・インターネットと一体になって、デジタルIoTプラットフォームに乗って稼働し、経済・社会生活を根本的に変えようとしています。

**小谷**　ですが、ここ日本では、第3次産業革命から第4次産業革命へと移行するという話がなされています。

**リフキン**　皆さん混乱しているようですが、問題の核心はこうです。

第3次産業革命は社会を隅々までデジタル化します。それによって、通信、エネルギー、輸送／ロジスティクス、生命科学、アルゴリズム・サイエンス、ロボット工学、人工知能などあらゆる分野の新たな「コンピテンシー」が一体となっていきます。

すべてがデジタルなのです。ですから私たちが理解しなければならないのは、これは「デジタル革命」であり、歴史的に言っても技術的に言っても、最後の産業革命なのだということです。

シュワブ教授は、情報科学や生命科学、人工知能、ロボット工学などの新たなテクノロジーが一体化することによって、デジタルの領域を超えて、第4次産業革命へと移行すると述べています。

まったくの間違いです！

こうしたすべてのテクノロジーは、社会のデジタル化によって可能になるのです。ですから、これは第3次産業革命の一部なのです。

**小谷**　では、仮に日本が第4次産業革命に移行するとしたら、コミュニケーションとエネルギーとモビリティのインフラはどのように定義できるかを教えていただけないでしょうか。

**リフキン**　それはできません。世界経済フォーラムにもできないでしょう。

いまの質問は素晴らしいですね。小谷さんは大学のディベートがとても上手だったのでしょう。正しい質問をしてくださいます。

「第4次産業革命のためのモビリティとコミュニケーションとエネルギーのマトリックスとは何でしょうか」と質問するなら、答えは、「それは存在しません」です。

前述したように、現在出現しているのは、高速5Gデジタルのコミュニケーション・インターネットと、デジタル化された再生可能エネルギー・インターネットと、デジタル化されドライバーレスになっていくモビリティ・インターネットです。それがIoTインフラに乗っかります。すべてデジタルです。

小谷さんが経済学者や研究者に電話をして、こう質問をしたとします。

「仮に第4次産業革命があるとしたら、新たなコミュニケーションとエネルギーとモビリティのテクノロジーはどのようなものになるでしょうか？　どのような構築環境になるでしょうか？　それはどのように一体化してマトリックスをつくり上げるのでしょうか？」

彼らは答えることができません。第4次産業革命のインフラなど、まだ誰にも見えてはいないのですから。

# 第4章

## 対談：増田寛也

# 第3次産業革命は なぜ地方から始まるのか？

JEREMY RIFKIN
HIROYA MASUDA

増田寛也（ますだ・ひろや）
1951年生まれ、東京都出身。建設省官僚を経て岩手県知事（3期）、総務大臣（第8・9代）、内閣府特命担当大臣（地方分権改革）、内閣官房参与などを歴任したのち、現在は東京大学公共政策大学院客員教授、都留文科大学特任教授、野村総合研究所 顧問などを務める。著書に『地方消滅　東京一極集中が招く人口急減』（中央公論新社、第8回新書大賞受賞）などがある。

デジタル化され、分散化したスマート・インフラは地方をどう変えるのか？　シェアリングエコノミーや水平型のコラボレーションを生むには何が必要なのか？　EU内で地域主導の展開プランを実行に移すリフキンと、日本で地方創生を積極的に推し進め、岩手県知事、総務大臣、内閣府特命担当大臣（地方分権改革）を歴任した増田氏が、地域とその連携の可能性を語り合う。

**増田**　これまでリフキンさんの書いておられることもずいぶん読みました。どれも大変素晴らしい内容ですね。今日はこうしてお目にかかって直接リフキンさんにお話をうかがえるのを本当に楽しみにしていました。

**リフキン**　こちらこそ、こうしてお話しできてうれしく思います。

増田さんと私はともに、いままで以上に分散型のガバナンスを自治体や地域レベルで確立することに興味を持っています。これは、私がＥＵと中国で取り組んでいるプロジェクトの非常に重要な点でもあります。

ですから、第3次産業革命のデジタル化されたインフラへとパラダイムシフトしていくことと、より分散化した参加型ガバナンスを育成していくことが日本においても重要性を増していること、この両者の関係について、今日はぜひともお考えをうかがいたいと思います。

## 高齢化問題とシェアリングエコノミー

**増田**　私は総務大臣もしましたし、日本のなかで、特に東京以外の地方都市をどのようにこれから活性化させていくのかという問題に、ずっと携わってきました。

そのなかで一つ、とても期待されているのは、まさにリフキンさんがおっしゃっているように、新しい経済の形、例えばシェアリングエコノミーとか、シェアビジネスといったものが、いままで地方でなかなか解決できなかった問題を解く鍵になるだろうということです。そして、日本のローカルが直接海外とつながるような、そういう機会もまた増えてくるだろうということを、私も大変期待しています。

その意味で、リフキンさんがおっしゃっている、コミュニケーション／エネルギー／モビリティという三つの分野での変革が、それぞれの地域にとってとても大事な要因になると思います。

一方で、やはりなかなか難しいのは、新しいシェアリングエコノミーのようなものは、どちらかというとかなり若い層がそのツールを使ったり、サービスを積極的に使ったりしています。

ただ日本の場合には、若い層の数が非常に少なくなってきていて、特に地方にはそういう人たちがとても少なく、一方で東京にどんどん集まるという構造がずっと続いています。今後これをどうやってストップさせるかという問題があるわけです。

いま、日本の抱えている問題としては、そこが非常に大きい。高齢化がすごく進んでいる地方において、例えばシェアビジネスとかシェアリングエコノミーをこれからどうやって根づかせていくのか？　こういう問題は中国でもまだあまり起きてないと思うんです。この問題についてリフキンさんから、日本の現状やこれから先の懸念材料は何か、アイデアがあればまずお聞きできればと思います。

**リフキン**　ただいまお話しくださったことは日本だけの問題ではありません。第２次産業革命を経た世界中の小都市や地方で人口が減少しています。そして、たいていは高度に集中した中核都市へとますます人口が移動し、そこには第2次産業革命のビジネスと製品とサービスが集積しています。

ですがまずは、第3次産業革命の分散型で水平展開するスマートインフラを構築し、規模を拡大していくことで、小都市や地域において、より分散型のガバナンスへとシフトしつつある——なぜ私がこのように考えているのかを述べたいと思います。

## 第3次産業革命がグローカリゼーションを生み出す

**リフキン**　これまで著書や講演でも述べてきたように、いま現在、コミュニケーション／エネルギー／モビリティの三つのデジタル化された新たなインターネット・インフラへのシフトを私たちは目撃しています。このインフラはすでに地上にある建築物に埋め込まれたIoTのデジタル・プラットフォームに乗っかり、このプラットフォームが地球を一つのグローバル脳神経システムとして結びつけてくれるのです。

つまり、人類はいまや広大なデジタル・ネットワーク上でバーチャルにも物理的にも、限界費用ほぼゼロで、世界中どこにいても互いに直接やりとりできるのです。これが私たちの時間と空間に対する概念を変え始めています。

鍵となるのは、この第3次産業革命のプラットフォームが持つ性質です。

第1次・第2次産業革命のインフラは中央集中型で、トップダウンで、プロプライエタリで、閉鎖的で、垂直統合型にデザインされていました。そうやって国の経済を成り立たせていたのです。

第3次産業革命のデジタル・プラットフォームはこれとはまったく異なり、相互接続されたネットワークのマトリックスです。プラットフォームは中央集中型ではなく分散型にデザインされていて、オープンで、透明で、水平型のデジタル化された神経システムにおいて、世界中の誰もが自分のスキルや能力、それに製品やサービスを他者とシェアできるようになります。

第3次産業革命によって、グローバリゼーションは新たなステージへと移っていきます。第2次産業革命では、中央集中型のプラットフォームと垂直統合型の企業によって、中央集中型のグローバリゼーションが生まれ、力《パワー》はますます一握りの企業へと集中していきました。

これにひきかえ第3次産業革命は、個人や近隣、コミュニティ、地域、ローカル企業、学術研究機関が、世界のどこにあろうと、バーチャルにも物理的にも他者と直接関わることができる「グローカリゼーション」*へと世界を向かわせます。そこでは、グローバルな商業と貿易を牛耳ってきた巨大企業と超大国の多くが素通りされることになります。

これは大衆化されローカライズされた新たな形の民主主義で、総効率と生産性を劇的に引き上げる一方、エコロジカル・フットプリントを減らし、製品やサービスを生産し分配するための固定費と限界費用も減らします。

つまり、増える一方の経済活動と政治活動は、第3次産業革命のインフラによって、国民国家の中央集中型権力からローカルなものへと分割され、シフトしていくのです。

## 国境を超えていくローカル

**リフキン**　しかし一方で経済活動や統治権限《ガバナンス》は、ASEAN、アフリカ連合（AU）、

*グローカリゼーション　「グローバリゼーション」と「ローカリゼーション」を合わせた造語。地球規模での普遍化が進む一方で、地域規模での個別性、ミクロな連携がますます重要となること。1980年代に日本企業が使い始め、のちに英語圏に広がった。

EUのような台頭する大陸的な連合に、再び集約されてもいます。間に立つ国民国家は今後、地域と大陸のガバナンスがグローバルな視点で正しいバランスをとれるようにする、重要な仲介者としての役目を果たすことになるでしょう。いまやEU、中国、そしてここ日本において、長年の懸案だった重要な討議が行なわれようとしています。それは、より多くの経済活動とガバナンスを地域に移行して、第3次産業革命のロードマップと展開計画をつくるための大きな力と権限を地域に与えようとするものです。

私は増田さんが地方分権改革の担当大臣だったことを知って、その仕事に大変興味を持ちました。同様の取り組みがフランス、イタリア、スペインなどEUの多くの地域と、そして中国において現在行なわれています。

**増田**　なるほど。いまのお話は、地方をこれから一つの塊として、日本のなかでもそういう多様な地域をいろいろつくっていきたいと思っている私にとっても、勇気がわくものです。

お話のなかで、ガバナンスとおっしゃいましたけれども、社会のなかでテクノロジーがさまざまに変化したことで、地域が自立して、そして地域でのよい循環をつくっていくための仕組みが、新しいインフラとしてできてきました。

しかし、一方で例えば日本の場合、統治機構としてこういう社会の変化にまだ充分になじんでいないとも言えます。政治の場面で、「地域」と「国家としての日本」の関係がまだうまくなじんでいないのに加え、アジアのなかでも日本と中国の関係など、国の違いをなかなか乗り越えていけません。

つまりガバナンスする側の政府機関が、まだどうしても、国境を超えたり地域を超えたりするということに充分なじんでいないところがあります。

例えばイギリスもブレグジットでEUからいま離脱しようとしていたり、政治的に見るといろいろなところで逆行する動きが出てきたりしているなかで、どうやって一人ひとりの個人にこの大きな流れをしっかりと理解してもらうのか、そのあたりがすごく重要だと思っています。

## EUと「補完性原理」

**リフキン**　ヨーロッパにおいて私たちが行なっている「グローカリゼーション」と「リージョナリゼーション（地域化）」に関してお話ししましょう。

ヨーロッパで適用されているマーストリヒト条約*には、「補完性原理」と呼ばれる重要な原理があります。補完性原理では、国民国家やEUに移譲されないかぎり、すべての権利は地方や地域社会においてまず行使されなければならないとされます。地方や地域、個人ができないことを国家やEUが補完する、その限度を超えてはならないというものです。地域社会は人々の生活に最も近い政治単位だからです。補完性原理の下では、市民の参画はボトムアップではなく、コミュニティから多数のネットワークへと水平に広がり、国民国家やEUを横断していきます。

最近まで補完性原理は、実践というよりは理論としてありました。けれども私はこの17年間、欧州委員会の歴代2人の委員長および現在の委員長、欧州議会の各議長、多くのEU参加国の首脳、地方および地域行政当局と一緒に、これを実践に移してきました。

2017年2月に、EUは「スマート・ヨーロッパ」を提唱しました。ヨーロッパ

*マーストリヒト条約
ヨーロッパ連合条約として1993年発効。共通の外交・安全保障政策を持ち、単一通貨を導入して市場統合を図り、各国の権限の一部をEUに移譲してヨーロッパ議会の権限を強化することなどが定められた。

を次のステージへと向かわせる新たなプランです。

私は欧州委員会副委員長のマロシュ・シェフチョヴィッチ氏、地域委員会*の当時の委員長マルック・マルックラ氏とともに、包括的な経済構想を提言しました。それはヨーロッパの各地域が第3次産業革命の「スマートシティ／スマートリージョン」と呼ばれる独自のロードマップを作成し、ＥＵ内の隣接地域と国境を超えて一つのデジタル化された商業スペースを確立することで、ＥＵ全体の経済活動をマネジメントしようというものです。

「スマート・ヨーロッパ」構想では、ＥＵ内の各コミュニティが政治を行なうにあたって、その中心に補完性原理が据えられます。ＥＵはまた、６３１０億ユーロに上る基金の宣言もしました。このユンケル基金の一部は、各地域で第3次産業革命のスマートインフラを構築するために使われることになります。

*地域委員会
ＥＵ域内の地方政府（州、県、市など）の代表で構成される諮問機関。ＥＵの政策に地方レベルの利害や権利を反映させることを主たる目的とする。

## 地域主導のロードマップづくり

**リフキン**　現在、三つのテスト地域——オー＝ド＝フランス地域圏、ロッテルダム＝デン・ハーグ大都市圏、ルクセンブルク大公国——が、補完性原理に基づいて、EUにおける第３次産業革命インフラの構築と規模拡大に取り組んでいます。

私が率いるグローバルな連合事業体《コンソーシアム》であるTIRコンサルティング・グループは、世界一流のエンジニアリング企業やICT、テレコム、電力、輸送／ロジスティクス、建設・不動産、設計立案・都市計画などの企業から成り、この三つのテスト地域と協働して、歴史的なパラダイムシフトの構想づくりやその遂行を支援しています。フランスの斜陽化したラストベルト地域で鉄鋼、石炭、自動車産業エリアであるオー＝ド＝フランスでの取り組みは5年目を迎えます。そこはフランスで3番目に大きな地域圏です。オランダのロッテルダムからハーグまでの23都市（ロッテルダム＝デン・ハーグ）のためのロードマップも完成したばかりです。ルクセンブルクとも協働して、EU有数の金融センターのためのロードマップを作成し終えました。

地域の方々はわれわれのところに来て「ロードマップをつくってほしい」と依頼します。でもわれわれはこう答えるんです。「私たちはつくりません。ですが、あなたがたの自治体や地元のビジネス・コミュニティ、大学、市民社会と協働して、地域ご自身が第3次産業革命のスマートインフラを設計し建設するための独自のロードマップを開発するのなら、その支援をすることはできます」と。

地域社会と住民の多くを巻き込み、分散型でこれまで以上に参加型の経済開発プランをつくることに慣れていない地方自治体は、当初は尻込みを見せます。そこでわれわれは、「自治体はロードマップ作成において、唯一の決定者ではなく、促進役《ファシリテーター》でなければなりません」と伝えます。

その上で、自治体政府やそのトップに次のようにアドバイスをします。「その地域のすべての政党、ビジネス・コミュニティ、大学、市民社会組織をまとめあげてください、そして、地元経済と地元社会を移行させるために包括的なロードマップを創案して準備するために、地方議会として機能する権限を彼らに与えてください」

## 自分たちで未来をつくり出す

**リフキン**　これまでに何百もの人々がロードマップのさまざまな分野のための委員会

に正式に参加し、さらに何千もの人々がＴＩＲコンサルティング・グループとともに1年間にわたってそのプロセスに貢献しました。

われわれが一緒になって働き支援することで、地域が独自のプランを作成して、地元経済の運命に責任を持つ。これが、補完性原理が遂行されるということです。

こうしたプランはオープンソースです。各プランはおよそ15万語で、テキスト、図、グラフを含め４００ページにわたります。

強調すべきは、何百人もの地元代表者たちが、私のＴＩＲコンサルティング・グループとともに力を合わせ、多大なるアドバイスや意見を寄せたことによって、このコンテンツが作成されたことです。

つまりこの3地域は、地域再生ための包括的な経済・社会プランを作成するにあたって、地域社会のさまざまな部門が深く参加して民主的なコラボレーションを実現した世界で初めての場所なのです。地方の住民が権限を与えられたことで、統治規範としての補完性原理が実行可能であることを証明したのです。

地域における政治参加のこの新しいアプローチがどうやって生まれたのかを見ようと、世界中から代表団がこの三つのテスト地域の現場視察に訪れています。

第3次産業革命プラットフォームの分散型アーキテクチャは、未来のためのロードマップづくりの機会を人々に与えます。実際にそれを実行する人々の姿には勇気づけられます。リアルタイムで三つの事例が動いているというのはとても印象深いことです。私はこれまでずっと、理論を実践に移したいと望んでいましたし、機会を与えられたコミュニティの人々は、真の民主主義を実行するだろうと期待してきました。問題はいつも、本当に権限を与えられるのかということでした。

思い出すのは、ロッテルダム゠デン・ハーグ大都市圏のコラボレーションが実現したときのことです。著名な教授でもあるこの構想の議長が、何百人もの地元ビジネス・コミュニティや市民社会、地方政府のリーダーたちが集まる会議で、次のようなコメントをしたのです。

「私はここに40年住んでいます。まさかオランダの一つの地域が全体となって、誰もが協力しながら関わり、10か月でこんな洗練されたプランをつくり上げそれを実行に移すなんて……こんなことが起こるとは思ってもいませんでした」

どこであろうと同じです。それを実現しようという意思さえあれば、始められるのです。

## 権力の分散化はできるのか

**リフキン**　そのためには、地域政府は政治権力の一部をシェアしなければなりません。政府はファシリテーターとなり、コモンズのやり方に沿って、ビジネスや大学、市民社会などに属する何百もの人々をまとめるのです。

　政府はガイド役となりつつ、未来のためのロードマップを作成する政治プロセスに、コミュニティを全面的に関わらせなければならないのです。

**増田**　いま、地球温暖化で気候変動が起こっていて世界各地で甚大な被害が出ていますし、また東京は地震のリスクを負っていますが、強靭性をつくっていくうえでも再生可能エネルギーで分散型に切り替えるなど、さまざまな取り組みが必要ですね。

　日本だと東京にすべての機能が集中していますが、それを分散化していくのは日本にとっても必要で有益な話だと思います。

いま大事なことは、エネルギーとかコミュニケーションの分野で、シェアビジネスを使いながら、各地域での力をもっと引き出していくような文明史的にも歴史的にも大きな転換点であるとの理解のうえで、その具体的な試みをいろんな場面で現実に起こしていくことではないかと思います。

これまでに、中央に集まっている権力を各地方公共団体に分散していくような地方分権の試みも行なわれてきましたし、経済もできるだけそうやって地方に分散させるという試みがなされてきました。

ただ、私も中央の一つの権力のなかで総務大臣として内閣に入ったのでわかるのですが、ご承知のとおり権力者というのは権力を手放すことに躊躇することがある。そういう動きというのは経済だとかビジネスだとかというある種、合理的な世界よりはもう少し遅い、スピード感としては遅く出てくるところがあるんですね。

だから逆に言えば、リフキンさんのこういう考え方をもっと権力側の人たちにきちんと植え込むこと。特に日本の場合はそれがすごく大事だなと今日のお話を聴いて思いました。

## アジアは分散型コミュニティをつくれるか

**増田**　それと同時に、ガバナンスや地域の自治に関わるような話について、お話に出てきたように、オランダのような試みがいまもうすでに現実に行なわれてきていると。これも一方で大変興味深い、よい例だと思うんですね。

ヨーロッパはＥＵの歴史があって、ドイツ、フランスあるいはイギリスの首脳のこれまでの決断があって、国境を超えた一つの大きなコミュニティを築き、多くの国がユーロを採用し、そういう段階を一つずつ経てきました。

一方でアジアはまだまだそういう段階になってなくて、政治体制も違うし、国力の大きな中国や日本とそれ以外の国との違いもあって、そこまでの大きな共同体という機運はそれほど盛り上がってはいません。リフキンさんは中国にもずいぶん行かれて、中国の状況を大変詳しくご存じだろうし、今回日本にも来られたなかで、例えば、アジアがこれからＥＵなりを一つのモデルとしてコミュニティづくりを進めていくとすると、今後それぞれの国がどういう分野をもっと考えていくべきでしょうか？

ＥＵとアジアを見たときに、日本に対してこういうことをもっとしたらいいんじゃないかとか、あるいはアジアに対してこういう働き方をすべきではないかといった、何か提案やアドバイスのようなものはございますか。

**リフキン**　まず、もう一度強調させていただきたいのは、デジタル革命は分散化であって、分権化ではないという点です。

つまり私たちが話しているのは、コミュニケーション、エネルギー、運輸／ロジスティクスの三つの分散型インターネットと、既存の建築物に組み込まれた分散型ＩｏＴについてなのです。分権型とは、地方自治体が自立して自己完結していることですが、分散型は地方自治体が部分的に自立しながら、シェアリングネットワークによって世界中の他の地域と協働的に関わることです。

三つのインターネットがＩｏＴプラットフォーム上に導入されると、政治権力の一部が地域や地方自治体へとバラバラに分かれる一方で、権力の別の一部は大陸的な連合体へと再集約されていきます。そこでは国がファシリテーターとなって、この新たな分散型の政治的コラボレーションがしっかりと水平方向に広がっていくよう支援するのです。デジタル化された第3次産業革命インフラに境界はなじみません。デジタルネットワークは大陸中、そして世界中へと広がっていきます。

## 「一帯一路」構想と日本の役割

**リフキン**　ではEU、中国、日本において、この第3次産業革命を地方自治体で構築するための時間軸はどうでしょうか？

現在、公式なEUのプランは「スマート・ヨーロッパ」と呼ばれるもので、それは加盟28か国の都市や地方で展開されています。私のオフィスはプランづくりを手伝い、現在はその遂行に携わっています。ヨーロッパ中の都市と地方で、第3次産業革命のデジタルインフラを構築して拡大しようと呼びかけるものです。

私は中国の首脳とも協力して、「チャイナ・インターネット・プラス」という同様のプランの開発に何年も携わってきました。

習主席は世界に向けての新たなビジョン「一帯一路*」を提唱しています。ですが、

**＊一帯一路**
中国の経済・外交圏構想。中国西部～中央アジア～ヨーロッパを結ぶ「シルクロード経済帯」（一帯）と、中国沿岸部～東南アジア～インド～アフリカ～中東～ヨーロッパと連なる「21世紀海上シルクロード」（一路）から成り、新たな経済圏の確立と関係各国間の相互理解の増進などを目的とする。

もともとそのプランは、ユーラシアを横断する連絡鉄道と新たな海上ルートをつくるというものでした。

私は中国側と会談し、「ユーラシア全土を結ぶ鉄道路はいいアイデアですが、それではまだ、20世紀の第2次産業革命のパラダイムから抜け出せません」と話しました。「大陸間連絡鉄道と海上ルートに加えて、スマート・ヨーロッパとチャイナ・インターネット・プラスを一つにまとめあげることを真剣に討議しなければなりません」と。両者のコミュニケーションとエネルギーとモビリティのデジタルインフラをつなげ、この世界最大の大陸塊において、統合されたシームレスなデジタル空間と共有された経済空間をつくり出すのです。

EUには5億人、地中海のパートナーシップを結んでいる国々*にはさらに数千万人もの市民がいます。EUは中国最大の貿易相手であり、中国はEUの第2の貿易相手国です。ですから、この二つのスーパーパワーが協働して、ユーラシア全土で第3次産業革命のスマートなデジタルインフラを構築するべきだと私たちは話し合いました。この議論が実を結び、いまや前に進んでいます。

そこで問題は、「一帯一路」構想において、日本の役割は何かというものです。

**＊地中海の国々**
「欧州・地中海パートナーシップ」は現在39か国で構成され、EU加盟28か国以外では、トルコ、マケドニアのEU加盟交渉国、アルジェリア、エジプト、チュニジア、イスラエルなど北アフリカ・中東諸国が参加している。

日本は太平洋諸国とユーラシアの懸け橋です。世界第3位の経済大国として、「一帯一路」構想において重大な役割を果たすでしょう。中国やEUと同じく、日本も世界クラスの専門技術を持っているからです。

日本は一帯一路に含まれていますが、皆さんはまだその役割を認識されていないのではないでしょうか？　ですから、私が言いましょう。日本は、中国と、太平洋諸国、カリフォルニア、さらにアメリカとの懸け橋なのです。

## 日本の強みと弱みは何か？

**リフキン**　私が考える日本の強みと弱みについてお話ししましょう。

まず、日本は第2次産業革命において総効率で世界をリードし、生産性を引き上げることにおいても他国のモデルとなりました。

二つ目の利点は、日本が「一帯一路」構想の成功に必要な国内産業を持っていることです。日本には、ユーラシアと太平洋地域にまたがる一帯一路のスマートインフラ構築において、ドイツ、ＥＵ、中国との連携に必要とされる技術的・商業的専門知識があります。こうした産業競争力は日本の重要な資産です。

では、日本の弱みとは何でしょうか。日本の重要な産業はどれも、第２次産業革命のインフラから第３次産業革命のインフラへのシフトを積極的に支えるだろうと私は信じています。ただ一つの例外は、原子力発電事業です。

福島の災害直後に、私はドイツに飛び、当時の外務大臣で現在の連邦大統領フランク＝ヴァルター・シュタインマイアー氏と対談しました。脱原発の決断をするならいまこのときが非常に重要だということを話し合い、シュタインマイアー氏はその席で、この件に関してはすでに首相とも討議が持たれていると述べました。

その１週間後にドイツは、２０２２年までに国内すべての原子力発電所の運転を段階的に停止することで合意したと発表したのです。

福島の原発事故の前には、日本には54基の原子炉がありました。それらは福島の事故直後に停止しています。今日、稼働している原子炉は４基だけです。＊ 残りは老朽化していて、修理中か検査中、あるいは廃炉中などです。

原子力発電は座礁資産であり、分散型の太陽光・風力のエネルギーと競うことはで

＊**稼働中の原子炉は４基**　対談の行なわれた２０１７年10月現在。96ページの脚注参照。なお、96ページの停止原発数は建設中のものなども含まれるため、ここでの記述とは数が合わない。

きません。こうしたエネルギーの固定費と限界費用は指数関数的に減少していて、化石燃料と原子力発電よりも安くなっている地域もあり、数年以内には世界の各地域で下回るでしょう。

## 日本はスマートインフラへ移行できる

**リフキン**　ヨーロッパの化石燃料と原子力発電の会社に話したことと同じことを、日本の原子力発電会社に申し上げたいと思います。「従来の中央集中型の電力からいますぐに脱却するという話ではありません。ですが、第2のビジネスプランを持たなければなりません」

つまり、既存の原子炉を廃炉にする一方、電力網をデジタル化されたエネルギー・インターネットへと移行しなければなりません。

そして、中小企業や近隣地域、住宅地区、商業地区、工業地区、農場に、太陽光と風力のテクノロジーを導入させて、生み出されるエネルギーの余剰分をエネルギー・

インターネットに戻してシェアし、どこでも融通し合うように促すのです。

電力公益会社は、第3次産業革命のビジネスモデルへと移行し、何百万人もの日本のプロシューマーが生み出すエネルギーをエネルギー・インターネット上で管理しつつ、何千もの企業がバリューチェーンで使用するエネルギーをより効率的にマネジメントできるよう支援することで、収入を得ることになります。

エネルギー効率が上がり生産性が改善した企業は、その見返りとして改善によって生まれた利益の一部を電力公益会社に還元するのです。

日本がもし、第3次産業革命のスマートインフラとビジネスモデルに移行できれば、「一帯一路」構想において、ユーラシアと太平洋諸国、そしてアメリカの懸け橋となる地位を占めるでしょう。

これは、生態系に寄り添う21世紀の文明において、グローバルなスマートインフラを構築するうえで、日本が重要な役目を果たすまたとないチャンスなのです。

## 送電線のネットワークをどうつなげるか

**増田**　いま、エネルギーでアジアに対しても、場合によってはアメリカに対しても日本がリードする、範を示すべきではないかというお話がありましたが、重要な示唆だと感じました。

私は2016年まで、日本の電力会社のなかで一番大きな、それこそ福島で事故を起こした東京電力で4年ほど、事故のあとですが、いろいろガバナンスを変えなくちゃいけないということで社外取締役に入っていました。大きな電力工場についてもいろいろ変えていこうとしたわけです。

昨年その職は辞めたのですが、日本の場合はご存じのとおり、この小さな日本のなかに10の電力会社が分かれていて、ある意味で地域に根差した電力というふうに言えるかもしれませんが、要は一番大事なネットワーク、つまり送電線をどうネットワークしていくかというところも、会社と同じように全部ぶつぶつ切られているんですね。

日本の場合には、どうやって発電するかにものすごく電力会社のウエートがかかっていて、原子力発電などもかなりの部分やっていたわけですが、やはりいまのお話のなかで非常に示唆に富むところ、むしろ日本が進めていかなくちゃいけないなと思ったのは、送電線のネットワークをどうつなげるのかです。

ヨーロッパでは、イギリスとノルウェーだとかフィンランドだとかデンマークだとかと、いろいろなところで国を超えて、海を越えて縦横無尽にネットワークが結びつけられていますね。ネットワークとしてしっかりつながっていて、そこからいろいろなことができあがっていく素地がある。

日本はまずどこから変えていくかというと、国内の電力会社を超えたネットワークの整備を、スマートグリッドの整備と同時に早く進めていって、そのうえで各地域の再生可能なエネルギーをどんどんそこで拾っていかなくてはならない。

日本では北海道は風力が非常にいいところですし、南側の九州はソーラーに適しているところが多いんですが、そうやっていろいろな再生可能エネルギーを融通し合えるようなことも含めて、これから日本列島を変えていくってことが電力会社の持つ役割ですね。それが、さまざまな逼迫した状況を切り替えていくことにつながっているのだと思います。

## アジア・スーパーグリッド構想

**増田**　それで、エネルギーの前の話でEUと中国と日本の話に戻るのですが、私もアジアのスーパーグリッド構想*というのを提唱したことがあって、やはりエネルギーを日本国内だけじゃなくて、中国や韓国、それから東南アジアと、場合によっては、オーストラリアまで含めて、ヨーロッパのように海底を越えて大きなネットワークをつくっていくべきじゃないかと思うんです。

そうすることで、先ほどのEUの話じゃないですけども、中国と日本の間もいろいろな意味で実利的なつながりがさらに深まっていくのだと思います。

リフキンさんもご存じの中国の李克強《リー・クーチアン》さんとは、彼が首相になる前の遼寧省の書記をやっていたころから何度かお目にかかったことがありますけれども、中国はいま、日本とは多少政治体制が違いますけれども、実際には経済の面ではもうお互いに深く関わっています。

これまでは、どちらかというと日本もまだ第3次産業革命よりは手前のインフラ整

＊アジアのスーパーグリッド構想　増田氏が座長を務めた日本創成会議が2011年に提唱。スーパーグリッドをアジア大洋州地域で築く第一歩として、日韓の接続が掲げられた。また、民間では孫正義氏が会長を務める自然エネルギー財団が「アジアスーパーグリッド構想」を掲げている。

備を一生懸命やっていたきらいがありますが、次の話としては、例えばエネルギーでいうと国内だけではなく国境を超えて他の国とも、アジアのなかでグリッドを回していくことが、EU型のように、大きな、アジアの統治につながっていくんだなと、お話を聴いて考えていました。

**リフキン**　そのお考えは正しいと思います。「一帯一路」構想において興味深いのは、それが新たなグローバル政策を生み出すことです。

一国がどんなに力や地位を持っていても、第3次産業革命のデジタル化されたスマートなプラットフォームを制御することはできません。インフラは分散型で、オープンで、透明で、水平展開型にデザインされているからです。国やグローバル企業がそれを独占しようとすると、総効率と生産性が損なわれ、最終的には失敗します。

さらには、プラットフォームが分散型ですから、地域の太陽光・風力電力を自分でつくり出す何億人もの生産者は、オフグリッドやマイクログリッドで自前のエネルギーを自由に生み出し、それを地域でシェアしたり、一部を再生可能エネルギー・インターネットに送り返すことで他地域でも利用できるようにしたりします。

中国とＥＵはこの現実に気づいているのです。

私が述べているビジョンは実践的で責任のある、実行可能なものです。これを実現しなければ、滅びゆく第2次産業革命の泥沼から抜け出すことはできません。

日本は遅きに失するまで、ただ手をこまねいているのでしょうか？　あるいはそこから脱して、デジタル化されグローバルに相互接続したシェアリングエコノミーと生態系に寄り添った社会への移行で、世界をリードしていくのでしょうか？

## 空き家から始まる再野生化とデジタル化

**リフキン**　増田さんのお考えは私にとって非常に興味深いものです。日本では高齢化の影響で、家屋の14パーセントが空き家になっています。政府の見解では、２０３０年までには30パーセントが空き家になるだろうということです。そのほとんどが、小さなコミュニティや小都市で起こります。

これは負債ではなく、潜在的な資産なのです。それをご説明しましょう。

第1に、人が住まなくなった広大な土地は、再び野生化することができます。これは、地球の動植物を保護し、生物圏《バイオスフィア》を再生するという人類共通の責任に基づくものです。ヨーロッパでも中国でも、耕作限界地や人が住まなくなった地域を再び野生化して、地域や国全体の生態系の回復に取り組んでいます。

第2に、人が住まなくなった広大な土地に太陽光電池パネルや風力タービンを大規模に設置することで、電力網に充分な再生可能エネルギーを供給し、日本の主要な大都市圏の経済活動を支えることができます。日本を化石燃料と原子力発電から脱却させられるのです。

第3に、デジタル化されますます相互接続された地球規模のインフラにおいては、世界中の人々がどこかの誰かとつながりながら商取引や社会生活を繰り広げ、非常に低い固定費とほぼゼロの限界費用で有形無形の広範な製品とサービスを生産し、分配し、シェアできます。バーチャルでもリアルでも相互につながった世界では、どこに住んでいるかということは重要ではなくなります。

ということは、一極集中でしばしば機能不全に陥っている巨大な中核都市から、小都市への部分的な逆移住がこれから起こることになるでしょう。そのほうがより質の高い生活を送れるからです。

**増田**　本当によく調べておられる。日本はいま、空き家が大変に増えているけれど、それを負債じゃなくて新しいエネルギーの基地にしていくというのは、これはまた一つの大きなアイデアですね。

## 「生産力」から「再生力」へ

**リフキン**　一方で、人口過剰の問題も世界中で起こっています。世界には70億の人がいて、すでに自然資本を過度に消費し、私たちの種《しゅ》を維持するのに必要な地球の自然資源を減らしています。

人口は今世紀のなかごろまでに70億から90億になると予測されていますが、もし私たちの生存に欠かせないこの地球の生態系を再生するつもりならば、人口を50億人未満に減らさなければならなくなるかもしれません。私たちは経済的ウェルビーイングの唯一の尺度としての生産力から、同様に重要な尺度である経済的再生力へと歩を進めなければなりません。

生産力とは今日生きている人たちのウェルビーイングだけを考慮したもので、未来の世代が利用できるはずの資源を食いつぶすという犠牲の上に成り立っています。

一方で再生力とは、未来の世代に自然の恵みを充分に与えられるように、いまある資源を育てていくという仕組みです。

エコノミストや政治リーダーのなかには、経済成長は人口の増加に比例すると主張する人もいますが、これは時代遅れのバカげた考え方です。

それよりも、私たちは経済活動でますますオートメーションが進むことで労働力がいらなくなり、人類が栄えるのに必要な資源を再生する地球の能力に見合うだけの人口に社会はなっていくのではないでしょうか。

新たな社会では、再生力と生活の質が、生産力やＧＤＰよりも社会のウェルビーイングのより確かな指針となるのです。

## 日本がつなぐ世界

**増田**　いろいろと素晴らしい提案をいただき本当によかったです。

最後に一つだけ、日本も例えばアメリカも含めてアジアの各国、オーストラリアも含めて、ＴＰＰという大きな貿易のネットワークをつくって国境をなくし、そのなかで広く公平に活動しようとしてきました。あるいはいまヨーロッパとも別途ＥＰＡ（経済連携協定）交渉を日本、あるいは韓国もそうですけれどもやっています。

いまアメリカは政治的にはトランプさんが出てきて、ラストベルトの地域の支持を集めたりという話は聞きますけど。やっぱり日本がこれまで進めてきた大きな貿易の枠組みを各国間でどんどん近隣に広げていく方向性が必要だろうということでよろしいでしょうか？

いまトランプさんが出てきて、日米関係が従来の基調と変わってきた部分もあるので、最後にそこだけお聞きしたい。

**リフキン**　アメリカの現在の政治状況は不幸で危険です。けれども、少なくともアメリカの西海岸とカナダは、ＥＵと中国の考え方に後れをとっていません。
　つまり、日本が太平洋地域で重要な仲介役となり、脱炭素の「グローカル」経済において西洋と東洋を結びつける機会が開かれているということです。

**増田**　ありがとうございます。最後にまた、素晴らしい提案をいただきました。
　私もリフキンさんのこういう考え方を日本全体に広げるためにこれからやっていきたいと思います。またぜひあらためてお目にかかりたいと思います。今日はありがとうございました。

column

# ドイツのメルケル首相は、なぜ素早く決断できたのか？

BSジャパン『日経プラス10』でのインタビューより

**リフキン**　おもしろいことにアンゲラ・メルケル氏が党首を務めるドイツのキリスト教民主同盟（CDU）は、メルケル氏が首相になった場合にはベルリンに来てくれるように、選挙前に求めてきました。それで私は、新政府の発足後数週間のうちに訪独したのです。

非常に興味深い対談でした。最も興味を引かれたのは、対談の終わりに首相が、「この第3次産業革命をドイツのために実現させましょう」と話し、私がその理由を尋ねたときのことです。

首相は物理学者なので、熱力学の法則が、化石燃料と原子力から分散型の太陽光と風力によるエネルギーへのシフトを支持していることを理由に挙げるのではないか、と私は思っていました。

ですが、その移行をもちろん首相は望んでいましたが、理由はもっと政治的なものでした。

なにしろドイツはいくつかの州から成る連邦であり、分散型の政治体制に基づいているので、この第3次産業革命は打ってつけなのだと指摘したのです。

第3次産業革命のインフラは分散型・協働型で、オープンで透明で、水平展開するようにデザインされており、それがうまく稼働するかどうかは、地方政府が自分の地域のインフラを発展させる一方で、連邦内で他の地域とコラボレーションできるかどうかにかかっているからです。

地域ごとに自治権を持ちながらも、規模の経済を実現するためには国レベルで協力しなければならないとわかっている連邦制というのは、第3次産業革命インフラを構築して展開するための、理想的な統治システムです。

ですからわれわれは、ヨーロッパ中で同様の討議をしているのです。

例えば、日本と同じように長らく中央集中型の国家であったフランスにおいても、統治権力を地方行政区へと分割していく必要性について真剣に討議しています。分割によって地域が、最もローカルなレベルでより多くの政治的実権を握り、民主的な参加を深めることができるのです。

日本でも、生活に深く影響を与える経済的決定において、民主的な参加を増やして市民が権限を持つようにするために、統治権力を地域に移さなければならないという討議がなされていますね。

ですから、第3次産業革命には、地域コミュニティにもっと権限付与することのできる分散型の政治参加とガバナンスに加えて、コミュニティ横断型のコラボレーションが国や大陸全体にまで広がる形がふさわしいのだと、われわれは考えています。

これこそ真の民主主義です。

そこでは、中央集中型ではなく分散型で、プロプライエタリでもクローズドでもなくオープンで透明で、垂直統合型ではなく水平展開型の民主的な参加が行なわれます。

この分散型の民主的ガバナンスに必要なのは、地方政府が地元のビジネス・コミュニティや大学、シンクタンク、市民団体と一緒になって第3次産業革命のインフラ構築をするのと同時に、近隣地域との垣根を越え、シームレスなデジタル化された神経システムを生み出すよう促していくことなのです。

第５章

# Q&A
# ミレニアル世代、リフキンに訊く

第3次産業革命を担い、生物圏へとその意識を広げて地球を再生する世代として、リフキンがつねに希望を寄せるミレニアル世代。デジタルメディアVICEのドキュメンタリーフィルム「第3次産業革命~ラディカルな新しいシェアリングエコノミー」に収められた、ニューヨーク州ブルックリンでのミレニアム世代との対話では、雇用、教育、貧困から農業や水の問題までが熱く語られた。

## オートメーション経済における雇用を再考する

**Q　こんにちは、レナと言います。私の質問は技術的失業についてです。それについての見解を聞かせてください。**

A　私たちは自動化《オートメーション》された世界へと移行しています。それは間違いありません。けれども、これまでにお話ししたように、このインフラを敷設するために、２世代にわたって大量雇用が起こります。それは確かです。

何百万、何千万もの雇用が生まれるでしょう。現場ではすでに起こっています。実際にいま、ヨーロッパでインフラを敷設しているからわかります。これはものすごい量の仕事です。ロボットにはできません。ＡＩにもできません。これがインフラストラクチャーのシフトなのです。

しかし、このスマートでデジタル化された経済と社会がひとたび実現すれば、それを動かすのに必要な人数はとても少なくなるでしょう。分析技術とビッグデータとアルゴリズムとアプリケーションを使うことで、それが可能になるのです。だからこそ私たちは、「スマート世界」「スマート社会」「スマート経済」と呼んでいるのです。

では、ひとたびスマート社会が実現して、自動化され、分析技術によって動くようになったら、私たちは何をするのでしょうか？

何も仕事をしていない人に賃金を支払うことはできませんよね。雇用がいま、どこへ向かっているのか、私たちはすでに見てわかっています。つまり、市場経済をどんどん自動化していけばいくほど、雇用は非営利のソーシャルエコノミーとシェアリングエコノミーへとシフトしていくのです。そうでしたね？

非営利セクターはいま現在、世界で最も急成長している雇用セクターです。アメリカの雇用の10パーセントほどが有給で非営利です。なぜこうしたシフトが起こっているのでしょうか？　なぜならソーシャルエコノミーや非営利経済、それにシェアリングエコノミーの多くの領域では、社会関係資本が市場資本と同じように重要だからです。

こうした領域においては、人間どうしのやりとりが必要とされます。機械はその補助にすぎません。ロボットにわが子を育てさせたり、保育所で子供とやりとりさせて子供の脳を発達させようとはけっしてしません。そんなことはありえません。

そうした子供たちの面倒をみるのに必要なのは、人間です。ヘルスケアや知識産業の領域であろうと、文化領域であろうと、そこで行なわれるのは人間と人間のやりとりなのです。

他に気になる点があるとすれば唯一、このセクターが財政的にやっていけるのかどうかです。ジョンズ・ホプキンズ大学は、40か国での非営利セクターの研究を数年おきに発表しています。そこで何がわかったと思いますか？　現在、最大の雇用主の一つである非営利セクターの収入の半分以上は、サービスに対する報酬なのです。

あなたが健康に関する研究をしていて、医療相談所を始めたとします。サービスに対する報酬を受け取れば、それによって非営利の研究を続けることができます。この移行をうまくやって、市場を自動化し、社会関係資本へと移っていくことで、もっともっと自分たちの心を大きく広げることができれば、私たちは人類という一つの家族として生きることができるでしょうし、互いをいたわり合い、生き物を人類の仲間として世話し、地球を大切に管理することを学ぶことができるでしょう。それこそが、はるかに高尚なミッションなのです。

## ピア・トゥ・ピアの教育

**Q. よりよい明日をつくるためには、私たち人間の心理状態のリハビリにも心を砕くべきではないでしょうか？**

**A.** そうです。そのとおりです。ご存じのように、あえて踏み込んで言わせてもらえば、現在の学校制度で教えている学問領域は瀕死の状態です。まったく機能していません。

ネット世代は、精神活動という点から見れば、教室のなかと外でその生き方がまったく違ったものになっています。例えば教室内での教育について考えてみると、すぐに思いつくのは、それがなんだか工場のように見えることです。

これは巨大な組織です。子供たちが入学して1年生になると、その小さな男の子や女の子はすぐにこう理解します。先生という中央権力がいて、自分たちは静かにしていなければならない。自分たちで知識をシェアし合うのは不正だとみなされて、追い出されるんだと。

子供たちは、自分のミッションは効率的でいることだと学びます。ですがそれはただ、命令どおりに産業革命の機械を扱うのに必要なスキルを身につけることができるという意味でなのです。

けれどもネット世代は、ひとたび学校の外に出れば――知識を皆でシェアしていますよね。インターネットで重要なのは、自分の才能とスキルをシェアすることです。オープンソースにして、知的財産権など主張せず、世界中の知のクラウドソーシングを一緒になって実現することです。それは、皆さんが学校でやっていることとはまったく違います。

一つの例を挙げましょう。われわれがフランスの北部工業地帯で行なっていることをご存じでしょうか？　地域の七つの大学すべてと200の高校が、リール・カトリック大学のリードのもとで一つにまとまっています。

そこではまず、すべての学部や専科が学問分野を横断した学際的な授業を行ない、学生・生徒はさまざまな視点を学べるようになっています。物事の見方は一つだけではありませんし、それを共通の言語でシェアしなければなりません。学ぶ者自身が言語で発信し合う必要があります。

第2に、全学生がチームに組み込まれていて、チームで学び、互いに教え合わなければなりません。教師がファシリテーターやガイド役となって、学生同士が互いに教え合うのです。

知識をシェアするのはよいことであり、不正行為ではありません。知識は権力でもなければ、他者を犠牲にして所有するものでもないことを、学生は学びます。知識とは、社会的な存在であるあなたが経験としてシェアされるものなのです。

いまや学びとは臨床的なものです。理論が実践と結びつかないのなら、学びが何になるでしょうか？

そういうわけで、かの地域では学びが実地的になされているのです。学生は、サービスラーニング*を受け、学び、それはいまや教授法のレベルにまで昇華されています。ですから、何であれあなたがいま学んでいることを、近隣の仲間の市民たちに実践してみてください。かの大学でそうしているように。

いかがでしょうか？　リール・カトリック大学です。これは革命です。

＊サービスラーニング
学習者が奉仕活動（サービス）を通して社会と連帯し、社会的責任を育むために生み出された教育方法

## 共感を生むカウンター・ナラティブ

**Q** **僕は人間性についてダーウィンの理論を信じています。つまり、ユートピア主義ではなくダーウィン主義なんです。人はもともと堕落していて欺瞞に満ちているということについては、どう対処するんでしょうか？**

**A** まず、はっきりさせたいのは、私は反ユートピア主義だということです。私の著作をお読みになれば、私が理想郷《ユートピア》を信じていないことがわかるはずです。ユートピア主義は好きではありません。ユートピアは危険だと考えています。

私たち人間の心は共感する心であり、人間の弱さや人間は危うい存在だということに対して深い思いやりを示すようにデザインされています。

共感的な世界はけっしてユートピアの世界ではありません。ユートピアとはパーフェクトな世界です。死に至ることもなく、痛みも、苦しみもなく、あらゆる瞬間がパーフェクトです。そんな世界は存在しません。

歴史を振り返ってみれば、最も文明化した社会とは、共感の及ぶ領域を最も大きく広げることができた社会だったと言えます。それが共感の歴史なのです。

だから私は、共感する世界が好きです。そこでは互いの弱さを認め、繁栄と活躍を望む人々の思いに深い理解を示し、互いに心を通わせて手を差し伸べます——これを毎日繰り返すのです。

自分のまわりの人が喜んだり、痛がったり、苦しんだりしているとき、あるいは仲間であるすべての生き物が困っているときに、共感を向けるのです。日々の生活を成り立たせるのは共感です。ユートピアではありません。

ゲオルク・フリードリヒ・ヘーゲルは、これを正しく捉えたのだと思います。彼が書き残した一節を、私は40年前に読みました。「幸福とは歴史の空白のページである。なぜならそれは調和の期間だからだ」

私は考えました。「どういう意味だろう?」。何回も何回も考え続けました。

そう、彼は正しいのです。歴史家が書いたものやその歴史観について読むと、人間はすごく病的な生き物だと思わされます。なんと言っても、歴史家が記録にとどめるのは、破壊行為や集団虐殺《ジェノサイド》や戦争、それに社会の苦しみの救済といった事柄で、それが極端な瞬間だったからであって、日常の瞬間ではないからです。それらは私たちの心に深く刻みこまれ、私たちを逃走と恐怖へと駆り立てます。ありえないほどの出来事が、何世代にもわたって記憶されるのです。

ですが歴史のすべてを、人生において何かまったくうまくいかなかったエピソードの連続であるかのように記録してしまうと、人類とはすごく悲惨な存在に思えてしまいますよね？

幸福とは歴史の空白期間です。その間、多くの人々が、共感的な関心をより大きな社会単位に向くよう進化させていきます。日々の生活で助け合い、気遣いを見せ、思いやりを向けて、互いに心を通わせます。それをまわりの数人とではなく、マルチチュード*として行なうのです。

例を挙げましょう。協同組合についてです。

**＊マルチチュード**
一般には大衆、民衆などを意味する。イタリアの哲学者アントニオ・ネグリと、その教え子でアメリカの比較文学者マイケル・ハートは、特定の属性（文化、民族、人種、ジェンダー、階級、労働形態、世界観など）に限定されない、多種多様な人々と規定する。そして、国民国家の枠を超えた資本と支配のネットワーク状の権力である「帝国」に抵抗して、対抗的ネットワークを介し、独自の民主主義を実現する潜在的可能性を持つとする。

ビジネススクールでは協同組合について教えてくれないでしょうが、銀行の協同組合、住宅協同組合、農業協同組合、教育の協同組合などがあり、それは国によっては、最大の銀行であったり、社会住宅であったりします。ビジネススクールで教えないのは、それがビジネスとは異なる形だからです。つまり、人々が集まって、運命をシェアするのです。この協同組合こそ、真のシェアリングエコノミーです。

だから来るべきシェアリングエコノミーにおいても、協同組合はそのエンジンとなるでしょう。そのことはまったく語られていません。私たちの神経回路に内在する共感の感性を育むことができる社会では、二次的動因*――残酷さや、堕落や、それらにつきものの悪しきものすべて――についてさほど気にかける必要はないのです。

ですから私は、人類の進化について、もう少しマシなイメージを心に思い描いています。私が提案しているのは、進化の次のステージは生物圏の意識だということです。気候変動がこの地球というコミュニティ全体に影響を及ぼしていて、どこにも逃げられないのだと気づくことで、自分たちがそのコミュニティの一員なのだと自覚し始めるのです。

若い世代になるほど、人々は一つの生物圏の仲間として、人類や生き物に感情移入

*二次的動因
人間という種が本来的に持っている一次的な動因（行動を引き起こす内的要因）に対して、さまざまな経験によって形づくられる動因を指す心理学用語。獲得的動因とも。

をますますしていきます。これは人類にとって希望を持てるナラティブ（物語、筋書き）です。たとえこれまで人類の歴史に暗い期間がたびたびあったとしてもです。

ですから、あなたにはこのメッセージを持ち帰ってほしいと思います――少なくとも私は信じています。歴史を通して人類は自分自身という殻を破り、自己を超越して常により大きな社会単位に共感を向けることで、いつしか自分がこの惑星の一つの生命力の一部だとみなすまでになったのだと。

## 生物圏レベルの貿易協定

**Q**

**トニーです。企業が僕たちに押しつけようとしている企業間協定が立ちはだかってくるように思うのですがどうでしょうか？　TPP（環太平洋パートナーシップ協定）やTTIP（大西洋横断貿易投資パートナーシップ協定）といったものです。企業が選ばれた政府よりも優位に立とうと画策し**

**ているように思えるんです。**

**A**

そうですね、ではそれに対抗しうるものを示しましょう。違った形の協定が、まったく異質の政策から生まれています。

習近平主席と李首相は「一帯一路」構想を提唱しました。これはまったく異なる構想です。なぜならここアメリカでは、企業主導の環太平洋協定によって、できるものなら中国を孤立させようとしているからです。

「一帯一路」構想は、上海からロッテルダムまでの古代シルクロードを再興するというアイデアです。もともとこの構想は、内陸地域に鉄道を敷くためだけにデザインされたものでした。中央アジアのスタン地域*を抜けて、はるばるヨーロッパと地中海にまで至るルートでした。

けれど、この構想はまたたくまに話が発展していきました。「ちょっと待った！ヨーロッパには〈スマート・ヨーロッパ〉構想があるじゃないか。IoTプラットフォームによる第3次産業革命が」というわけです。

これはEU内にとどまる話ではなく、地中海のパートナーシップ地域も含まれます。

＊スタン地域
カザフスタン、ウズベキスタン、トルクメニスタンなどかつてペルシア帝国の支配を受けた国々

10億人もの市場です。ＥＵに５億人、地中海と北アフリカのパートナーシップ地域に５億人がいるのです。

中国にも、われわれがともに取り組んできた同じようなプランがあります。〈チャイナ・インターネット・プラス〉です。ですから話はすぐにこうなりました。「ちょっと待った！　ヨーロッパは中国の最大の貿易相手だし、中国はヨーロッパの第２の貿易相手国だ。それなら、〈一帯一路〉構想を、上海からロッテルダムまでにしてはどうだろう？」

それはいま、真剣に討議されていますが、実現するにはこれまでと違った感性が必要となります。ＩｏＴプラットフォームを中央でコントロールすることはできません。それは分散型の設計になっていて、それこそがシステムのレジリエンスを担保するからです。ですから、たとえその地域の大国、あるいは一国が――おわかりでしょうが――上からコントロールしようとしても、それはできません。誰もがオフグリッドでやっていくことができるからです。

参加国は皆、ちゃんとわかっているはずです。それは、中国、ＥＵ、ドイツの各政府との取り組みを通して私も感じます。関係者はこれが新たな形のパートナーシップだとわかっているのです。そこではコラボレーションが必要とされます。シェアしなければなりません。成功事例をシェアし、科学とテクノロジーをシェアするのです。疑念を振り払わなければならないのです――ネットワークにおいては誰しもが利するのです。

これは地政学ではありません。「われわれがコントロールし、われわれがネットワークを自由に閉じ、われわれがあなたがたの首根っこを押さえる」というのではありません。そんなことは、ＩｏＴの世界では通用しません。ボーダーレスに、オープンにしなければなりません。分散された能力によって誰もが必要に応じてネットワークとの接続をオン／オフでき、ブロックチェーンによってそれが担保されるのです。

「一帯一路」構想が非常に興味深いのは、それがユーラシアのためだけではないだろうからです。ミレニアル世代にとっては、アメリカ両大陸から、つまりカナダと合衆国からチリまでに及ぶビジョンにもなりえるでしょう――それはまさに、従来の地政学的な革命ではなく、生物圏の分散化されたインフラ革命になるのです。

あらゆる人がこれに関わらなければなりません。あらゆる人がプレイヤーとなるからです。

## エコロジカルな農業

Q.

**デニルと言います。先進国における巨大な食料システムについてはどんなご意見でしょうか？　それと、途上国の場合についても。どんなビジョンを持っていますか？**

A

農業システムがどれだけのエネルギーを使っているかご存じでしょうか？　全コストのおよそ3分の1です。

肥料の原料は化石燃料です。農薬の原料は化石燃料です、機械を動かすのは化石燃料です。包装容器はプラスチックで、化石燃料からつくられます。灌漑のためにも電力網が必要で、化石燃料と原子力発電によって水を引くのです。

ですから、あらためて農業を見てみれば、いかに巨大なプレイヤーかがわかります。

それだけではありません。肥料は亜酸化窒素を排出し、その温室効果は二酸化炭素よりもずっと大きいのです。

こんにちの世界では農業用地の40パーセントが、動物の飼料となる穀物などの栽培に使われていることをご存じでしょうか？　牛肉５００グラムを生産するためには、少なくとも4キログラムの飼料が必要です。それに比べれば、輸送産業なんて非常に効率的に思えます。牛肉生産は、食物連鎖における最も非効率的なシステムだと言えます。

純然たる不正義というものがあるならば、放牧動物に穀物を与える文化への移行と、化学薬品による農業への移行は、世界史において起こった最も大きな不正義の一つだと言わざるをえません。こうした食料システムの上位で暮らせる人たちもいる一方で、残された人たちは土地へのアクセスすら拒まれているのです。

私たちは方向転換しなければなりません。ヨーロッパでは、有機農業が盛んになっています。農薬と化学肥料による農業からエコロジカルな農業へと移行することに関心が集まっています。そこで周囲の動植物とともに生きることを学んでいるのです。同時に、そうした動植物が農作物と共存できるよう働きかける方法も見いだしています。

これまでの化学薬品まみれな世界では、動くものはすべて殺されます。穀物の周囲にあるものはすべて殺さなければなりません。こうして私たちは、流出した化学肥料で水が汚染されている農業用地の、化学薬品で荒れた土地で生きているのです。恥ずべきことです。

ですから私たちは、有機農業へと移行しようとしています。第1次産業革命ではその後半になって、農業が機械化されました。第2次産業革命では化学薬品による農業になりました。第3次産業革命では、スマートでエコロジカルな有機農業にしなければなりません。地域やローカルに根ざした農業に立ち戻ることで、地元のコミュニティを支えるのです。

トマトを世界中に輸送するのは、本当にバカげています！

## 水とエネルギーの連環《ネクサス》

**Q**

**こんにちは、ロシェルです。水について少しお話をしていただきたいと思います。この分散型のビジョンでは、水はどのような役割を果たすのでしょうか？　水の民営化はどのように展開するでしょうか？**

**A**

この地球上では、人間が利用できる水はほんのわずかな量しかありません。すべての水の1パーセントに満たないのです。残りは利用できません。

エネルギーと水とは深く連環しているのに、そのことについては本当に誰も説明していません。水を動かすためにはエネルギーが必要です。世界で生み出されるすべての電力エネルギーの8パーセントは、水を引いて、水を処理し、水道管を通し、使用した水を再処理するために使われます。

一方で、エネルギーをつくり、また利用できるようにするためには水が必要です。これはあまり知られていません。エネルギー産業が水を使っているのです。現在、全産業で使用されているすべての水の半分以上が電力産業によって使われています。半分以上です。

フランスでは80パーセントが原子力発電です。その原子炉を冷却するために、どれだけ多くの水が使用されるのかご存じでしょうか？　驚くかもしれませんが、フランスで使用される真水のほぼ50パーセントが、原子炉を冷却するために使われているのです。

そして、冷却を終えた水は熱くなっています。それが、すでに旱魃のために農業用水が不足している生態系の水分を、さらに奪っています。さらにいまや、気候変動の影響で夏に水温が上がってしまい、原子炉を冷やすために水を使うことさえできずに、発電量を抑えなければならなくなっているのです。

では、ネクサスとは何でしょうか？

私たちは新たなプランをつくり始めなければなりません。分散型のシステムによって水をコントロールすることで、水とエネルギーを一体的に扱えるようにするのです。

なぜでしょうか？　例を挙げましょう。もし電力網が破壊されたら――例えば大きな電力変圧器が、サイバー犯罪か、サイバーテロか、自然災害のために使えなくなって電気が停止したら――水が使えません。水が使えないと、私たちは3週間で死んでしまいます。いまのシステムはそれほど脆弱なのです。だからこそ、分散型のシステムにすることで、レジリエンスを担保しなければならないのです。

では、どうすればいいのでしょう？　私は数週間前に、オー＝ド＝フランスにいました。そこのある小さなスタートアップ事業は、巨大な公団住宅の建物全体を改造して、屋根全体を貯水槽にしました。なぜそうしたかというと、水が上から下へと落ちることで、タービンによって電力が生まれるからです。だからそれはもともと電力を生むためのものだったのですが、いまや「発電以外にも使おう」と言っています。

電力網がダメになって、水を得られなくなると、私たちは数週間で死んでしまいます。家やオフィスや工場の屋上などにビルトインされた水を持てれば、それを協同組合でシェアできます。そして、飲み水として使用することができるのです。

現在、われわれは企業と一緒になって、住宅についても貯水槽の水をトイレの水に使用し、現場で再利用していくことができないだろうかと検討しているところです。そうすれば、電力網が使えなくなっても、中央に頼らずに、分散型で賄えるのです。

このシステムを維持するための鍵は、それが分散型であることです。システムの一部に何かが起こっても、やっていけます。充分に分散されて非中央集中型になっていれば、水とエネルギーをシェアできるのです。

そう、水とエネルギーは一体となるのです。あなたがこの質問をしてくれて、うれしく思います。いま私たちの最優先課題になっているのは、分散型の水のインターネットを構築して、エネルギー・インターネットと並立させていくことです。非常にクールな考え方です。

## 発展途上国において跳躍する貧困層

**Q**

**エリザベスと言います。発展途上国について質問があります。この第3次産業革命全体において、発展途上国はどのような役割を果たすのでしょうか？　インフラが整備されていないぶん、一足飛びに進むことができるのでしょうか？**

A

まさに、私が答えようとしていた答えを言ってくれましたね。そのとおりです！

あなたが言ったとおりのことを、われわれは実感しています。発展途上国においては、その弱みが重要な資産になります。彼らの弱みはインフラがないことです。それこそが彼らの資産なのです。

なぜなら、古い法律や規制のある古いインフラを新しいインフラに移行させるよりも、まったく新たなインフラを新たな法律や規制によってゼロから構築するほうが、簡単だからです。

ですから発展途上国においては、移行がより速やかに進むのだと実感しています。過去の第1次・第2次産業革命を飛び越えて、第3次産業革命へと跳躍できるのだというその機会を目にしてきました。だからこそ国連も、この第3次産業革命のナラティブを採択したのです。

発展途上国における最大の問題は、電力がないことです。潘基文《パン・ギムン》氏は国連事務総長への就任にあたって、ユニバーサル電力を公約にしました。現在10億の人が電気のない暗い生活をしています。人類の40パーセントは、断続的で不安定な電力で生活しています。

この世界で女性を隷属させるものは何でしょう？　電気がないことです。家父長制の大家族で、女性が過酷な状況に置かれている男性優位の文化に共通して見られるものは何でしょう？　電気がないことです。なぜでしょうか？

なぜなら、電気がないと女性が奴隷になり、子供たちも奴隷となるからです。子供が多ければ多いほど、より多くの働き手ができて、エネルギーの代わりとなって働くのです。西洋社会における女性解放と電気との関係を、私たちは忘れています。電気が通るまで、女性は家庭では奴隷でした。電気によって女性は奴隷生活から解放され、5年生以上になっても、望むならそのまま学校に通い続けることができるようになりました。そして、上半身の力を必要としない、頭を使う新たなスキルを身につけることができたのです。

電気革命はあらゆる種類の新たなスキルをつくりました。そして、女性が教育を受けて、独立して、第2次産業革命の新たなスキルを持ったとき、何が起こったのでしょうか？　赤ん坊の数が少なくなったのです。何百万ものコンドームを配ることもできますが、それでは何も変わりません。発展途上国に電力を通し、女性を解放し、女性に教育を受けさせ、女性も人類の半分なのだと認めないかぎり、それは起こらないのです。

興味深いのは、その女性たちがいま、こうしたマイクログリッドを構築していることです。アフリカやインドの田舎に行けば見られます。それは小さなスタートアップ事業で、彼女たちは村にやって来ると、村民の各屋根にソーラーパネルを取りつけ、リースし、携帯電話を渡します。

これがいまや、インドの田舎とサハラ以南のアフリカで大規模に起こっています。これは大きな中央集中型のグリッドではありません。村々を人が訪ね、水平型にスケールするマイクログリッドを構築しているのです。これが一気に広がっているのです。これこそが、次世代のスマートな社会企業家です。こうしたことが目の前で起こっているのは本当にうれしいことです。もっとうまくやれるのだという自信につながるからです。

## 岐路に立つアメリカ

**Q　こんにちは、カーリンです。あなたの教えているウォートン・スクールの卒業生の言葉を借ります。どうやったら「アメリカを再び偉大に《アメリカ・グレート・アゲイン》」*できますか？**

A　別の角度から検討してみましょう。オバマ大統領はグリーン・エコノミーを望んでいました。私たちの税金から何十億ドルもグリーン・エコノミーのために使いました。ですがグリーン・エコノミーは実現していません。

どうしてでしょうか？

税金をインセンティブのために使いさえすればいいというのが、この国の精神構造だからです。何百万人ものスティーヴ・ジョブズを望んでいるのです。それでオバマ大統領は、インセンティブを与えようとしました。そこここの自然エネルギー電力プラントや太陽電池工場にお金を与えたのです。

＊アメリカを再び偉大に　「Make America Great Again」は１９８０年の米大統領選挙においてロナルド・レーガンが初めて使用した選挙スローガン。２０１６年の大統領選挙ではドナルド・トランプが使用。トランプ大統領はウォートン・スクールを卒業している。

けれど、それでは何も始まりません。まずは、インフラづくりそのものへのインセンティブが必要なのです。そのためには、あらゆるプレイヤーが結集しなければなりません。

さて、オバマ大統領は2期目の大統領選挙戦で非常に有名な発言をしました。それは核心をつくものでした。覚えていらっしゃるかもしれませんが、中小企業《スモールビジネス》について話していて、アドリブで「それはあなたがたがつくったのではない」という発言をしたのです。覚えておいででしょうか？　ネットで一気に拡散しましたね。「そのビジネスはあなたがつくったわけではない」、と解釈して怒りだす人たちもいました。

オバマ大統領が言っていたのはインフラのことです。まずはインフラが先だと言おうとしていたのです。そうすればそのインフラ上で、新たなビジネスを立ち上げることができるのだと。

ですが残念なことに、この話が拡散した理由は逆で、スモールビジネスの企業家たちが「いや、いまのアメリカをつくったのは俺たちだ。企業家精神こそがそれをつくり上げたんじゃないか！」と勘違いして憤ったからでした。

すっかり劣化してしまったこの国では、ビジネスがインフラを糧に成り立っていることをもはや誰もわかっていません。そのインフラは政府と産業と市民社会という官民提携でつくられているのです。

誰が公立学校制度をつくり、労働者を訓練してきたのでしょうか？　民間企業ではありません。州間高速道路を税金で敷設したのは誰でしょうか？　東海岸から西海岸まで信号のない自動車道路システムを、民間企業が敷設するでしょうか？　電気・ガス・電話業界にとって欠かせない配管路（共同溝など）構築の費用を引き受けたのは誰でしょうか？　一事が万事、こうなのです。

そうですね、スティーヴ・ジョブズを例にとりましょう。彼の開発したスマートフォンのための研究のほとんどは、実際には政府資金によるものでした。彼はそれを製品化して市場に送り込んだわけです。しかし、劣化したこの国では、国民の半数以上が政府の関与を望んでいません。政府はいらないとすら考えています。

これはアメリカ合衆国の失敗です。アメリカには社会的市場経済がありません。ヨーロッパにはあります。他の国々にもあります。しかしこの国では誰もが、企業家精神こそがすべてだと考えています。会社に統治させろ、市場に主導権を握らせろ、というわけです。これは私たちの終焉の始まりを意味します。

なぜなら、各地域や州で、企業と市民社会と大学とが協力してプラットフォームを構築し、規制や条例や基準をつくることができなければ、新たなビジネスが起こることも、新たなモデルが組み入れられることもないからです。

ですから、まずは何よりインフラなのです。そして、この社会的市場経済というものを対話の場に戻すことができるかどうかは、あなたがたミレニアル世代にかかっています。

私たちには政府が必要です。企業が必要です。市民社会も必要です。私たちには公的資本が必要です。民間資本が必要です。社会関係資本も必要なのです。この三つのプレイヤーが平等な立場でテーブルにつかなければなりません。

最後にこの話をしましょう。皆さんが世の中について、「まったく、進むのが遅すぎるよ！」と苛立っていることは私もわかっています。ですがいまこそ、皆さんのその取り組みを加速させる時です。私たちは一致団結しなければなりません。この一つの世代――あなたがたの世代――が私たち人類の新しい意識を、この生物圏の意識を構築していくのです。

そのために皆さんが負っている責任は、いままでのどんな世代も経験したことがないものです。歴史上、一つの世代があらゆる種《しゅ》を救うために指名されたことはありません。いま起こっていることが本当の危機だと信じるのなら――実際にそうなのですが――それに対処するのはいまここにいるミレニアル世代の人たちの責任なのです。

私たちはいまや、ロードマップとコンパスを手にしているはずです。それは若い世代の人々に託されています。いま起こっているのはデジタル革命であり、皆さんはデジタル革命の申し子です。あなたがたの番なのです。

私にはこう思えるんです。もしミレニアル世代がデジタルで結びついたこの新たな世界をつくろうとしているのなら、人類はついに経済と社会の間に調和を築き、地球のバランスをとれるようになるでしょう。いまこそ、その時です。

いましなければならないことは、あらゆる局面で一体となって取り組むことです。バーチャル世界で、物理的世界で、現場で、コミュニティで、インフラと政治の両方で、社会との関わりにおいても、それを実現させなければなりません。

小さなミッションから始めてみましょう。私たち人類を含めこの地球に棲む生物に対して、人間がその責任を宣言するための明細書をまとめるのに、ミレニアル世代はどれだけの時間が必要でしょうか？　フェイスブックには10億人の若者の仲間がいて、彼らはこれを宣言しています。ですから、あなたがたは、バーチャルなオンラインでも、物理的にも、もうテーブルについているのです。10億人のあなたがたの力なら、非常に短期間で実現できるはずです。

それほど準備はいりません。すでにあなたがたはテーブルについていて、そのテーブルには新たな独占企業たちもいます。自分たちの目的のためにこれを盗み取ろうとする政府もいます。特定の利害関係を持つ人たちもいて、彼らは第2次産業革命に私たちを引き戻そうとしています。

テーブルについてください。これを実現してください。このレガシーを次世代へと譲り渡してください。あなたがたのお孫さんたちが振り返って、おじいちゃんとおばあちゃんは正しいことをしたんだと、言うことができるように。地球を再び生き物で満たし、脱炭素社会が実現し、ともに暮らす地球の生き物を含めた来るべき世代に、ちゃんと敬意を示すために、その手助けしてくれたのだと。

# epilogue
# エピローグ

## 巨大プラットフォーム企業にどう向き合うか

私はグーグルが大好きです。魔法の箱ですよね。一日中使っています。けれども、グーグルしか検索エンジンがないという理由で全世界がグーグルを必要とするのなら、もはやそれはグローバルな公益事業のようなものです。皆に必要とされるのですから。つまり公共財ということです。

若者はフェイスブックが大好きです。けれど、皆がその拡大家族のなかでコミュニケーションをとるのにフェイスブックが唯一の場所だというならば、これもグローバルな公益事業のようなものです。

20世紀の第2次産業革命のときにはどうだったでしょうか？

当時は、例えばＡＴ＆Ｔのような会社が唯一の電話会社でした。そして、実はとてもうまくいったのです。こうした通信企業を公益事業にした国もあれば、アメリカのように民営のままにした国もあります。アメリカはＡＴ＆Ｔを民間企業のままにしましたが、公益事業のように規制下に置いて、営利企業ではあるけれど、国に決定権を持たせました。

ですから、アマゾンやフェイスブックやグーグルやアリババのような巨大なプラットフォーム企業に世界が支配されると考えるのは、ややナイーブすぎると申し上げたいと思います。

確かにそうしたプラットフォーム企業がグローバル市場や広告ビジネスを覆い尽くしていくでしょう。私たちはそれを、グローバルな公益事業だとみなすようになります。私企業のままかもしれませんし、公共事業になるかもしれません。どちらにせよ、そうした巨大企業は、万人のための公共プラットフォームとして規制していくことになるのです。

もしそうならなかったとしても、ミレニアル世代がそれに代わるコモンズ・プラットフォームをいくつも構築するはずだと、お約束しましょう。

実際のところ、彼らはすでに協働してそれにとりかかっています。ＩｏＴは地球規模の脳《グローバル・ブレイン》と神経システムのようなものです。ＧＰＳのような地球周回衛星は、ＩｏＴの神経システムを構成する何十億ものセンサーを調整し同期する脳なのです。

個人や企業、そしてコミュニティがつくり出す何百万ものネットワークがこのグローバル・ブレインと神経システムに接続し、地球上のあらゆる社会的・経済的・政治的生活をマネジメントして、エネルギーを供給し、動かすのです。

## 格差は埋まるのか？

いま起こっていることは、こうした新たなインターネットの独占企業によって、ますます限られた少数の者の手により多くの富と権力が集中していることです。

世界の富裕層の上位8人といえば誰でしょうか？

アマゾンのジェフ・ベゾス、フェイスブックのマーク・ザッカーバーグ、マイクロソフトのビル・ゲイツ、オラクルのラリー・エリソン……彼らは皆インターネット・プラットフォーム業界のリーダーです。ワールド・ワイド・ウェブから生まれる富の大半は、彼らの手にますます集まっているのです。

ですから、所得格差を埋めるには、こうしたグローバルなプラットフォームが規制されなければなりません。グローバルな公益事業であり、あらゆる人が利用するグローバルなコモンズ・プラットフォームだとみなされるべきなのです。そうなれば、あらゆる人が公平な機会を得ることになります。

安価なモバイル・テクノロジーを手にした地球上のすべての人々に、オープンなアクセスが保障されるでしょう。データが保全され、好きなようにそのデータを使うこともできるでしょう。常に監視されているという恐れを抱いたり、個人データが第三者に売られて商業目的に悪用されるというリスクを感じたりすることもなく、誰もが企業家精神を持って、あらゆる社会活動に加わることができるのです。

## 共感するヒト

ですが、人間性には常にダークサイドがあります。

私は何年も前に一冊の本を書きました。日本では翻訳されていませんが、2010年に刊行された*The Empathic Civilization*（共感する文明）という3部作の第1作です。第2作が『第三次産業革命』で、第3作が『限界費用ゼロ社会』です。*The Empathic Civilization*で私は、人類の歴史を振り返りました。

いわゆる欧米の啓蒙時代には、人間とは自律した主体であるようにデザインされていて、競争的で、利己的で、功利主義で、快楽を追求し、自然を収奪する存在だとみなされるようになりました。けれども、もし本当にそうだったとしたら、人類ははるか以前に死に絶えていたことでしょう。

実際には、いまの認知科学や生物学、社会学、心理学が明らかにしていることは、私たちが歴史を通してずっとわかっていたはずのことでした。私たちは、地球上で最も社会的な動物です。大脳新皮質は他のどの動物よりも大きく、生まれながらにして、他者と共感し合うような特質が神経回路に組み込まれているのです。

つまりどういうことでしょう?

こんなご経験はないでしょうか。一緒にいる人が突然怪我をして血を流し始めます。それを見たあなたの脳は、自分も血を流しているかのように感じるのです。

その感情は頭で考えたものではなく、身体的で情動的なものです。実際に私たちは、他者の苦痛や不快感、うれしさや楽しみ、喜びを、まるで自身が経験しているかのように、神経回路の奥深いところで経験することができます。なぜなら私たちは常に体全体を使って、他者が経験していることにマインドフルに（注意深く）心を配り、同調し、待ち構えているからです。

これが共感です。

共感は私たちの最大の資産です。人間は社会的動物です。もちろん例外はあります。生まれつき利己的な社会病質者《ソシオパス》や、幼いころに虐待されて情動が麻痺している人は、他者に共感することができません。けれどもそれは、人類の大半が持つ本来の性質ではありません。逆に、家族やコミュニティや文化によって正しく育てられなかったことを表す典型的な性質なのです。

ですから私は人類に対して、いつも慎重になりつつ期待を持っています。たとえ人類に略奪と破壊を繰り返した暗い時代があったとしても、有史以来、私たちは共感の感性を発達させてきたのですから。

## 国境を超えて生物圏へ

例えば、狩猟採集時代の人類は自分の部族《トライブ》にしか共感しませんでした。向こうの谷に住む隣の部族は、同じ人間ではない存在、あるいは悪魔だと考えられていました。宗教が出現すると、同じ宗教を信仰する人たちは、互いを兄弟姉妹だとみなし、共感しました。それは、同じ宗教的アイデンティティに根ざした虚構の家族でした。

工業化時代になり、国民国家ができると、人々は国民として共感し合うようになりました。日本の誰もが自分を日本人だと考えました。フランスの誰もが、自分をフランス人だと考えました。国民性《シチズンシップ》によって結びついた拡大血縁集団の内で、互いを兄弟姉妹だと認めて共感する、新たな虚構の家族が誕生したのです。

いまや私たちは、生物圏《バイオスフィア》こそが人類と不可分のコミュニティだと考え始めています。若者たちは人類全体に共感を抱くようになり、なかでも多くの若者たちが生き物にも共感を広げ、同じ生物圏に生きる仲間だと考えるようになっています。

つまり歴史を通して、暗い時期がありながらも、共感は血縁から宗教的結びつきに、そして国民国家の結びつきへと進化を続け、いまや生物圏に共存するすべての仲間の生き物を含んだ一つの拡大家族だと考えるようになり始めているのです。

だからといって、それが運命として決まっているわけではありません。人類が暗い時期へと引き戻される可能性もあります。私たちがより高次の共感と意識へと進化し続けるという保証はないのです。

社会的動物として神経回路の奥深くに配線されている共感の感性をどう使うのかは、いまの世代とそれに続く世代しだいなのです。私たち一人ひとりのウェルビーイングが他のすべての生き物のウェルビーイングと関わっているこの相互に結びついた地球において、すべての生命に共感を向けることができるかどうかで、人類の歴史が変わっていくのです

実のところ、気候変動こそがまさに、そのように地球の歴史を左右するものとして

生起したのでした。厳しい教訓を私たちに教えてくれたのです。それは、誰もが他のすべてのものと深く相互に結びついて、日常生活のすべての行ないが、他のすべての人々に、すべての生き物に、すべての生態系に、そして私たちが住む地球全体に影響を与えるのだ、という教訓です。

自分たちだけが切り離された存在ではありえません。私たちは皆、一つの世界に組み込まれているのです。

## この星を継ぐ世代へ

もし私たちがうまくやれば、来るべき人新世《アントロポシーン》＊を生き延び、さらなる繁栄を享受することさえできるでしょう。

私たちはいま、完新世の時代——社会が成長して栄えるのに理想的な穏やかな気候と諸条件を特徴とする、約1万2000年続いた時代——から人新世という予測不能な新たな時代へと向かっています。私たちはそこで適応し生き抜いていく能力を試さ

＊人新世
Anthropocene。ギリシャ語の人間を意味するanthroposと、新しいを意味するkainosに由来するceneの合成語。新たな地質年代で、人類が地球に多大な全地球的、生命圏的、地質学的変化をもたらしていることを意味する。従来、最新の地質年代を示すものとして使われてきた完新世（1万1700年前～現代）の次に来る年代として、あるいはすでに到来している年代として、この考えが学者の間で広まりつつある。

れることになるでしょう。レジリエンスをどうやって身につけるかを学ばなければならないのです。

どうやって地球の再生に手をつければよいのでしょうか？

まずは、たんに生産性でなく、再生力にこそもっと焦点を合わせなければなりません。あらゆるコミュニティは、上は成層圏から足元の地表にまで広がる19キロメートルに及ぶ生物圏に対して、責任を負わなければなりません。次世代のために、その生物圏の自分たちの持ち分については、地球を再生してしっかり管理することに心血を注がなければなりません。

また、地球の広大な土地の多くを再び野生化して、概日《がいじつ》（ほぼ24時間）や月周期、あるいは年周期といったこの生物圏と地球が持つ本来の時間のリズムへ、自分たちを戻していくことに心を砕かなければなりません。

宇宙飛行士は宇宙から地球を見下ろしたとき、生命で満ちあふれているこの青い惑星の美しさに目をみはりました。何もかもが冷たく、不毛な宇宙のなかで、生命を生むこの驚異のオアシスに取り囲まれていることを、私たちは当たり前だと思ってきました。生命というこの素晴らしい実験を、ないがしろにしてきました。

では、人類の旅路の次の目的地はどこでしょうか？

この地球から逃れることではありません。それでは何の助けになりませんし、そもそも不可能だからです。

新たな旅路は、私たちが住むこの非常に複雑な地球の美しさやリズム、時間の流れにマインドフルであることです。水の循環、大気の循環、化学物質の循環があって、そしてあらゆる種が複雑に相互作用することで、この生きた地球を維持しているのです。工業化社会によってもたらされた気候変動に対処しなければならないいま、これこそが次の何百年、何千年のためのミッションとなるでしょう。

それは、私たちがユートピアに向かっているということではありません。一つの種として成熟し、仲間の生き物や私たちが住む地球との、適正な関係を学んでいるのです。

どうか、この生物圏の再生にとりかかってください。そうすれば、まだ生まれていない私たちの子供の子供の子供や、まだ地上に存在していない他の生物が、地球への畏怖や感嘆の念を抱き、生命の美しさを経験する時が来るでしょう。

本書収載コンテンツの初出は以下の通り。

第1章　スマート・ジャパンへの提言
――『限界費用ゼロ社会』（ジェレミー・リフキン著／NHK出版）
特別章「岐路に立つ日本」を加筆修正してアップデートしたもの。

第2章　日本は限界費用ゼロ社会へ備えよ
―― 野村総合研究所「NRI未来創発フォーラム2017」
（2017年10月4日 東京国際フォーラム）での
ジェレミー・リフキン講演より。

第3章　限界費用ゼロでビジネスはどう変わるか？
―― 野村総合研究所「NRI未来創発フォーラム2017」
（2017年10月4日 東京国際フォーラム）での
ジェレミー・リフキンと此本臣吾氏対談より。

第4章　第3次産業革命はなぜ地方から始まるのか？
―― 週刊エコノミスト編集部 取材より

第5章　Q&A　ミレニアル世代、リフキンに訊く
―― VICEメディア「第3次産業革命」より。

エピローグ
―― NHK「経済フロントライン」（2017年10月7日）インタビューより。

コラム
―― BSジャパン「日経プラス10」（2017年10月12日）インタビューより。

著者紹介:

## ジェレミー・リフキン　Jeremy Rifkin

アメリカ出身の経済学者、文明評論家、政策アドバイザー、作家。2000年からEUのアドバイザーを務めるほか、欧州委員会の歴代トップ3人やメルケル独首相をはじめ欧州各国首脳や中国指導部に向けて経済や気候変動、エネルギー問題などのアドバイザーを務める。また、TIRコンサルティング・グループ代表としてEUの各地域で協働型コモンズのためのIoTインフラづくりを牽引するなど、その提言の実現にも積極的に関わっている。ペンシルヴェニア大学ウォートン・スクールの経営幹部教育プログラムの上級講師を1995年から務めるほか、ワールドポスト／ハフィントンポストによる2015年の世界調査では「世界で最も影響力のある人物」の123位(影響力のある経済思想家ではトップ10)にランクした。『エントロピーの法則』(祥伝社)、『エイジ・オブ・アクセス』(集英社)、『第三次産業革命』(インターシフト)、『水素エコノミー』『ヨーロピアン・ドリーム』『限界費用ゼロ社会』(以上、NHK出版)など世界的ベストセラー多数。

翻訳：柴田裕之(第1章)／伊藤陽子
校正：酒井清一

協力：株式会社野村総合研究所
BSジャパン「日経プラス10」／NHK「経済フロントライン」／
週刊エコノミスト／VICE MEDIA

ブックデザイン：畑中 亨
編集：松島倫明

スマート・ジャパンへの提言
日本は限界費用ゼロ社会へ備えよ

2018（平成30）年4月25日　第1刷発行

著　者　ジェレミー・リフキン
編　者　NHK出版

発行者　森永公紀

発行所　NHK出版
〒150-8081 東京都渋谷区宇田川町41-1
電話　0570-002-245（編集）
0570-000-321（注文）
ホームページ http://www.nhk-book.co.jp
振替 00110-1-49701

印刷／製本　廣済堂


Printed in Japan
ISBN 978-4-14-081739-1 C0098